W0044564

2,50 €

© 2016 ZS Verlag GmbH
Türkenstraße 9
D-80333 München

ISBN 978-3-89883-504-6
1. Auflage 2016

Projektleitung	Kathrin Ullerich
Rezepte und Texte	Inga Pfannebecker
Lektorat	Karin Kerber
Grafische Gestaltung	Ronja Bernhardt, Julia Arzberger
Fotografie	Klaus Arras
Foodstyling	Katja Briol
Herstellung	Peter Karg-Cordes
Producing	Jan Russok
Druck & Bindung	L.E.G.O., Vicenza

Die ZS Verlag GmbH ist ein Unternehmen der Edel AG, Hamburg.
www.zsverlag.com
www.facebook.com/zsverlag

INGA PFANNEBECKER

SWEETS
OHNE
ZUCKER

MIT FOTOS VON KLAUS ARRAS

INHALT

Die Rezepte sind mit folgenden
Symbolen gekennzeichnet:

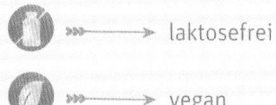 laktosefrei

vegan

glutenfrei

SÜSS,

ABER

gesund?

DAVON GERNE NOCH EIN ZWEITES STÜCK

LASSEN SIE DIE SÜSSEN MOMENTE ETWAS BESONDERES SEIN

Ich habe eine Schwäche für Süßes und genieße gerne ein Stück Kuchen am Wochenende, ein paar Kekse zum Nachmittagskaffee und freue mich schon am Anfang eines Menüs auf das Dessert. Als Ernährungswissenschaftlerin weiß ich aber auch, dass zu viel Zucker uns nicht guttut und zur Belastung für den Körper werden kann.

Ein Dilemma, das nur mit eiserner Disziplin und Verzicht zu lösen ist? Besser nicht, denn ich bin sicher, das führt nicht nur bei mir dazu, dass der Heißhunger irgendwann übergroß wird. Und wie für so viele Sachen gilt auch für Süßes: Erst die Dosis macht das Gift. Mein Ausweg aus dem Dilemma ist daher, der süßen Lust bewusst und in Maßen nachzugeben. Dazu habe ich die Rezepte in diesem Buch entwickelt: Sanft mit natürlich süßen Alternativen wie Ahornsirup, Kokosblütenzucker oder Früchten gesüßt und mit nährstoffreichen Lebensmitteln wie Vollkornmehl oder Nüssen aufgewertet, stillen sie den süßen Hunger auf gesündere und vollwertigere Art als das oft übersüße Gebäck vieler Bäckereien oder der nährstoffarme Schokoriegel aus dem Supermarkt.

Am Anfang ist die dezentere Süße für Sie oder Ihre Gäste vielleicht ungewohnt. Aber nach einer Weile werden Sie sich an weniger Süße gewöhnt haben und genau wie ich die meisten „normalen" Kuchen als zu süß empfinden. Verstehen Sie die Rezepte in diesem Buch bitte trotzdem nicht als Freifahrschein für ungehemmtes Naschen. Denn auch gesunde Naschereien haben Kalorien und auch natürliche Zuckeralternativen sind süß, weil sie in irgendeiner Form Zucker enthalten und auch so auf unseren Körper wirken.

Lassen Sie die süßen Momente in Ihrem Leben daher etwas Besonderes sein und genießen Sie sie ganz bewusst und mit allen Sinnen. So bleiben Sie mit Genuss in Balance.

Inga Pfannebecker

ZUCKERSÜSSE TATSACHEN

Von wegen süßes Glück:
Kaum ein anderes Lebensmittel ist in den letzten Jahren
so zum Sinnbild für ungesunde Ernährung geworden
wie Zucker. Was ist also dran an den Vorwürfen,
er mache dick, krank und abhängig? Und warum lieben
wir es trotz allem so süß? Hier die wichtigsten Fakten.

WARUM WIR SÜSSES SO LIEBEN

Die Lust auf Süßes ist uns angeboren und sicherte der Menschheit das Überleben. Denn nicht nur unsere erste Nahrung, die Muttermilch, schmeckt durch Milchzucker (Laktose) süßlich. Süße Lebensmittel versprachen unseren Urahnen viel Energie und sind in der Regel ungiftig. Unsere Vorfahren kannten allerdings nur die dezente Süße aus Früchten und Getreide. Heute wird fast allen industriell hergestellten Lebensmitteln und Getränken Zucker zugesetzt. Zucker, einst als „weißes Gold" gehandelt und dementsprechend sparsam verwendet, ist zur billigen Massenware geworden. So werden die meisten von uns schon von Kindesbeinen an an stark gesüßte Produkte gewöhnt. Das bringt uns auf den Geschmack, denn wie süß uns süß genug ist, ist Gewöhnungssache. Und noch ein Grund, warum wir auf Kuchen und Co. stehen: Wir verbinden die süßen Sachen oft mit schönen Erlebnissen wie Festtagen und Verwöhnmomenten und haben das Gefühl, uns damit etwas Gutes zu tun.

WIE WIRKT ZUCKER AUF UNS?

Das Verlangen nach Zucker, wenn wir uns schlecht oder gestresst fühlen, hat mit seiner Wirkung auf unseren Körper zu tun. Essen wir Süßes, wird die Ausschüttung des Botenstoffs Dopamin in unserem Gehirn angeregt. Dieser Stoff wird auch „Glückshormon" genannt, weil er unser Belohnungssystem beeinflusst und dafür sorgt, dass wir uns nach einem Stück Kuchen erst mal besser fühlen. Das Problem: Je öfter wir zu süßen Seelentröstern greifen, desto empfindlicher reagiert unser Gehirn darauf. Schon der Anblick der Naschereien löst dann das Verlangen nach immer höheren Dosen aus, um die gleiche Menge an Glückshormonen auszuschütten.

IST ZUCKER EIN NÄHRSTOFFRÄUBER?

Besonders Vitamin B_1 und Kalzium sollen vermehrt verbraucht werden, wenn wir zu viel Zucker essen, wird oft behauptet. Tatsächlich ist Vitamin B_1 im Stoffwechsel am Zuckerabbau beteiligt. Es wird dabei aber nicht verbraucht. Auch das Gerücht, dass Zucker zu einer Entkalkung der Knochen beiträgt, ist nicht haltbar. Untersuchungen konnten belegen, dass Zucker nicht zu einem Mangel an Vitaminen und Mineralstoffen führt. Fakt ist allerdings: Da Zucker selbst keine wichtigen Nährstoffe, aber viele Kalorien liefert, kommt bei zuckerreicher Ernährung die Aufnahme von Vitaminen und Mineralien schnell zu kurz.

Zucker ist auch an der Bildung eines weiteren „Gute-Laune-Hormons", des Serotonins, beteiligt. Das wird in unserem Gehirn aus dem Eiweißbaustein Tryptophan gebildet. Damit dieses Eiweiß aus der Nahrung ins Gehirn gelangen kann, sind Kohlenhydrate, am besten Zucker, nötig. Auch hier scheint das Verlangen größer zu werden, je mehr Süßes wir essen. Das kann in unserem Stoffwechsel einen Teufelskreis auslösen. Denn Zucker wird schnell verdaut und lässt den Blutzuckerspiegel rasant ansteigen. Daraufhin produziert die Bauchspeicheldrüse vermehrt Insulin, um den Zucker aus dem Blut in unsere Körperzellen zu schleusen. Die Folgen: Dem Tryptophan fehlt das Transportmittel, um ins Gehirn zu gelangen. So wird weniger Serotonin gebildet, wir fühlen uns schlechter, und die Versuchung, gleich wieder zu etwas Süßem zu greifen, ist hoch. Unterstützt wird dies dadurch, dass der Blutzuckerspiegel durch das viele Insulin auf ein Niveau unter dem Normalspiegel rauscht und der Körper auch deshalb gleich wieder nach Zucker verlangt.

IST ZUCKER EIN DICKMACHER?

Ob wir zu- oder abnehmen, hängt davon ab, ob wir mehr oder weniger Energie zu uns nehmen, als unser Körper verbraucht. Selbst wenn wir nichts anderes als Zucker essen würden, aber mehr als die dadurch aufgenommenen Kalorien verbrennen würden, würden die Kilos schmelzen. Zucker an sich ist also nicht unbedingt ein Dickmacher. Der Knackpunkt ist aber, dass Zucker mit 400 Kilokalorien pro 100 Gramm sehr schnell viel Energie liefert, ohne lange satt zu machen. Denn die leeren Zuckerkalorien liefern so gut wie keine wichtigen Nährstoffe und werden sehr schnell verdaut. Hier tut sich noch ein weiteres schwergewichtiges Problem auf: Essen wir viel Zucker, wird viel Insulin produziert, das auch als „Dickmacher-Hormon" bekannt ist, da es die Fettverbrennung blockiert. Zu viel Süßes erschwert daher das Abnehmen. Je höher der Anteil an schnellen Kohlenhydraten in süßen

Sachen, desto höher das Risiko, dass sie uns dick machen. Besonders drastisch ist der Effekt daher beim Genuss von Getränken und Süßigkeiten, die vor allem aus Zucker und anderen leicht verdaulichen Kohlenhydraten wie Weißmehl bestehen.

MACHT ZUCKER SÜCHTIG?

Die Vermutung liegt nahe. Schließlich wirken die weißen Kristalle genau wie Drogen auf das Belohnungssystem in unserem Gehirn und verführen dazu, für den nächsten Kick die Dosis immer weiter zu erhöhen. Eine Studie der Universität Duisburg gibt jedoch Entwarnung: Typische Suchtanzeichen wie Entzugserscheinungen oder ein Gewöhnungseffekt konnten für die Substanz Zucker am Menschen bisher nicht nachgewiesen werden. Die Forscher vermuten daher, dass nicht der Zucker an sich abhängig macht, sondern das Naschen. Denn das kann schnell zum zwanghaften Verhalten werden.

IST ZUCKER UNGESUND?

Wer viel Zucker isst, hat ein höheres Risiko, an Diabetes Typ 2, an Herz-Kreislauf-Erkrankungen und bestimmten Krebsarten zu erkranken. Ursache dafür ist aber nicht der Zucker selbst, sondern das Übergewicht, das oft infolge einer zuckerreichen Ernährung entsteht, und Bewegungsmangel. Ist die Kombination aus Übergewicht und wenig Bewegung gegeben, beschleunigt viel Zucker allerdings die Entstehung von Diabetes Typ 2. Lediglich bei Dickdarmkrebs gibt es bisher Hinweise, dass zuckerreiche Lebensmittel direkt zu seiner Entstehung beitragen können. Der Zusammenhang zwischen Zucker und der Entstehung von Karies ist dagegen schon lange eindeutig nachgewiesen.

WIE VIEL ZUCKER DARF ES SEIN?

Die Weltgesundheitsorganisation WHO empfiehlt, weniger als zehn Prozent der täglichen Kalorien aus Zucker aufzunehmen. Bei einer Frau mit durchschnittlichem Energiebedarf von 2000 Kilokalorien wären das knapp 50 Gramm am Tag, was etwa 16 Stück Würfelzucker entspricht. Was sich gar nicht so wenig anhört, relativiert sich schnell, wenn man weiß, dass in einem einzigen Schokoriegel schon etwa die Menge von elf Zuckerwürfeln steckt, sich in einem Becher Fruchtjoghurt etwa neun oder in nur einem Esslöffel Ketchup fast zwei Würfel verstecken. Kein Wunder also, dass sich der jährliche Pro-Kopf-Verbrauch an weißem Zucker in Deutschland auf etwa 35 Kilogramm summiert, was fast 100 Gramm Zucker am Tag entspricht. Das ist nicht nur doppelt so viel, wie die WHO empfiehlt, sondern das sind auch etwa 33 Kilogramm mehr als der Pro-Kopf-Durchschnitt in Deutschland vor 150 Jahren. In ihrer neuesten Leitlinie zum Thema Zucker von 2015 erklärt die WHO sogar eine weitere Reduzierung der Zuckermenge auf einen Anteil von fünf Prozent der Gesamtkalorien als wünschenswert. Als Zucker zählen dabei alle Arten von freien Zuckern, also nicht nur raffinierter Zucker, sondern auch Honig, Ahornsirup, Fruchtsaft und andere Süßungsmittel, die Speisen zugesetzt werden oder in ihnen vorkommen. Zucker, der natürlicherweise etwa in Obst, Gemüse oder Milch und Milchprodukten vorkommt, ist nicht problematisch und muss nicht eingeschränkt werden. Denn der Körper ist einige Zeit beschäftigt, um den Zucker aus dem Gesamtpaket zu lösen und nutzen zu können. Das Fazit aus diesen Tatsachen und Empfehlungen: Egal, welches Süßungsmittel Sie für süße Speisen und Gebäck verwenden, insgesamt sollten Sie nur in Maßen süßen und besonders auf versteckte Zucker in verarbeiteten Lebensmitteln und süßen Getränken achten.

DER JOKER FÜR NASCHKATZEN

Wer gerne Süßes isst, der sollte regelmäßig in Bewegung kommen. Denn das ist der ultimative Blutzucker-Manager: Körperliche Aktivität senkt den Blutzuckerspiegel, ohne dass Insulin benötigt wird. Das liegt daran, dass Muskelzellen im Gegensatz zu anderen Zellen auch ohne den Transporter Insulin Glukose aufnehmen können. Je besser unsere Muskeln trainiert sind, desto mehr Muskelzellen gibt es im Körper, die den Zucker aus unseren Naschereien insulinunabhängig aufnehmen können, und desto niedriger ist der negative Einfluss von Zucker auf unseren Blutzuckerspiegel und Stoffwechsel. Ein weiteres Plus ist natürlich, dass Bewegung Energie – also Kalorien – verbraucht. Je aktiver unser Alltag ist und je mehr Sport wir treiben, desto eher können wir süße Extras genießen, ohne zuzunehmen. Wollen Sie Ihrem Körper bei der Verarbeitung von Süßem helfen, machen Sie also nach dem Dessert oder Kaffeeklatsch besser einen flotten Spaziergang als ein kleines Nickerchen. Denn der wirkt ganz natürlich als Blutzuckersenker und kann so auch die gefürchteten Heißhungerattacken auf mehr Süßes verhindern.

BRAUCHT DER KÖRPER ZUCKER?

Klare Antwort: Nein! Und das, obwohl der Einfachzucker Glukose (Traubenzucker) lebenswichtig für uns ist, denn er ist der Treibstoff für unsere Körperzellen und damit auch für alle Körperfunktionen. Unser Gehirn etwa verbraucht jeden Tag rund 140 Gramm Glukose. Aber um die Versorgung mit dem wichtigen Stoff sicherzustellen, müssen wir keinen reinen Zucker essen. Denn unser Körper kann den Brennstoff aus kohlenhydratreichen Lebensmitteln und mit etwas mehr Arbeit sogar aus Fett und Eiweiß selbst herstellen. Zucker ist also ein reines Genussmittel, auf das wir problemlos verzichten können.

WAS IST DER GLYKÄMISCHE INDEX?

Je schneller Kohlenhydrate verdaut werden und ins Blut gehen, desto schneller steigt der Blutzuckerspiegel. Das Maß dafür ist der glykämische Index (GI). Er wird mit einem Wert zwischen 0 und 100 angegeben. Ein GI über 70 wird als hoch angesehen, ein GI von weniger als 55 als niedrig. Richtmarke ist Glukose mit einem Wert von 100. Der glykämische Index ist ein theoretischer Wert, der sich auf den Blutzuckeranstieg nach Verzehr von 50 Gramm Kohlenhydraten aus einem bestimmten Lebensmittel bezieht. Der Blutzuckeranstieg wird jedoch von vielen anderen Faktoren mitbestimmt, etwa der Zusammensetzung der Lebensmittel und Speisen, der Verarbeitung, der Zubereitung und individuellen Schwankungen. Eine Erweiterung des GI ist die glykämische Last (GL), die auch die Menge des verzehrten Lebensmittels berücksichtigt. Während der GI einen Anhaltspunkt dafür gibt, wie die Wirkung der Kohlenhydrate eines Lebensmittels auf den Blutzuckerspiegel eingeschätzt werden kann, ist die GL in der Praxis aussagekräftiger, da sie das ganze Lebensmittel und nicht nur die isolierten Kohlenhydrate betrachtet. Bei einem gleichen GI kann die GL zweier Lebensmittel sehr verschieden sein, je nachdem, was neben den Kohlenhydraten noch im Lebensmittel steckt. Wer möchte, kann die GL selbst berechnen: $GL = (GI \times Kohlenhydrate\ in\ Gramm\ pro\ Portion) / 100$. Sie müssen also lediglich den GI sowie den Kohlenhydratgehalt der Portion eines Lebensmittels kennen (z. B. aus einer Nährwert- oder Kalorientabelle). Ein Beispiel: Eine mittelgroße Banane von etwa 125 Gramm enthält rund 25 Gramm Kohlenhydrate. Daraus ergibt sich die glykämische Last $GL = (60 \times 30) / 100 = 18$.

DER GLYKÄMISCHE INDEX (GI)* AUSGEWÄHLTER LEBENSMITTEL

Traubenzucker (Glukose) **103**
Weizenmehl (Type 405) **85**
Weißbrot **70–95**
Zucker (Saccharose) **70**
Vollrohrzucker **70**
Rosinen **65**
Honig **61**
Banane (reif) **60**
Schwarze Melasse **55**
Ahornsirup **55**
Waldheidelbeeren **53**
Vollkornbrot und Mango **51**
Getrocknete Datteln **50**
Haferflocken **50**
Vollmilchschokolade **49**
Möhren **49**

Orangensaft **46**
Weizen- und Dinkelvollkornmehl **45**
Vollmilch **40**
Erdbeeren **40**
Apfel **39**
Kichererbsen (gekocht) **38**
Möhren (roh) **35**
Kokosblütenzucker **35**
Nüsse **24**
Fruchtzucker (Fruktose) **23**
Zartbitterschokolade (mind. 70 % Kakaoanteil) **23**
Agavensirup **13**
Reis- und Dattelsirup **keine verlässlichen Daten**

SCHNELLE KOHLENHYDRATE = HOHER GLYKÄMISCHER INDEX

* Durchschnittswerte; GI bezogen auf jeweils die Menge des Lebensmittels, die 50 g Kohlenhydrate enthält; Datenquellen siehe S. 137.

VORSICHT, SÜSSE FALLEN

Oft ist es gar nicht so einfach, Zucker zu meiden.
Denn er versteckt sich in vielen Produkten
und hat viele Namen. Und gerade am Anfang eines
natürlich süßen Lebens mit weniger Zucker wird der
Heißhunger auf Süßes manchmal übermächtig.
Mit kleinen Tricks lässt er sich aber gut ausschalten!

TAUSENDSASSA ZUCKER

Wie viel Zucker tatsächlich in Lebensmitteln steckt, ist oft schwer zu erkennen. Denn während es auf der Hand liegt, dass süße Sachen Zucker oder andere Süßungsmittel enthalten, ist der Zuckergehalt in vielen herzhaften verarbeiteten Produkten wie Würzsaucen, Feinkostsalaten oder Gewürzgurken oftmals verblüffend hoch. Selbst ein Blick auf die Zutatenliste hilft hier nicht immer sofort weiter. Denn es gibt viele Arten von Zucker, die sich hinter verschiedenen Namen verstecken. Allen gemeinsam ist, dass ihr lateinischer Name auf „-ose" endet. Oft sind sie auch in Form von Sirup zugesetzt. Hier die gebräuchlichsten Namen: Haushaltszucker oder Saccharose, Traubenzucker oder Glukose (auch „Dextrose"), Fruchtzucker oder Fruktose, Milchzucker oder Laktose, Malzzucker oder Maltose, Glukosesirup, Fruktosesirup, Maltosesirup, Farinzucker, Invertzucker, Maltodextrin oder Stärkezucker, natürliche Fruchtsüße (ein Gemisch aus Fruktose und Glukose, die mit gesunden Früchten nichts mehr zu tun hat).

WENIGER IST MEHR

Selbst wenn Sie von raffiniertem Zucker auf alternative Süßungsmittel mit gesünderen Eigenschaften wie Kokosblütenzucker umsteigen, gilt:

Die Menge macht es. Denn auch die Alternativen liefern Kalorien und halten das Verlangen nach Süßem wach. Da die Menge an Süße, die nötig ist, damit wir etwas als süß empfinden, jedoch Gewohnheit ist, können Sie Ihre Süßschwelle mit diesen Tipps nach unten schrauben und sich an natürliche Süße gewöhnen:

❋ Kochen und backen Sie möglichst viel selbst. So bestimmen Sie, wie süß Ihr Essen wird.

❋ Bei Fertigprodukten die Zutatenliste studieren und zuckerreiche Produkte stehen lassen.

❋ Der Verdünnungstrick hilft bei der Umstellung auf weniger gesüßte Produkte. Dazu z. B. nach und nach immer einen Löffel mehr Naturjoghurt unter den süßen Fruchtjoghurt mischen oder die Verwendung von Zucker oder Honig in Kaffee oder Tee schrittweise reduzieren.

❋ Meiden Sie süße Erfrischungsgetränke und reine Fruchtsäfte. Ihr zugesetzter oder natürlicher Zucker geht besonders schnell ins Blut und feuert das Verlangen nach mehr Süße an. Bei Fruchtsäften den Verdünnungstrick anwenden und die Säfte nach und nach mit immer mehr Wasser mischen.

❋ Vorsicht bei Süßstoffen wie Aspartam oder Stevia. Sie versprechen Süße ohne Reue, halten aber durch ihre enorme Süßkraft das süße Verlangen wach und irritieren den Stoffwechsel, indem sie durch die Süße Zucker versprechen, der dann nicht kommt. Das kann die Lust auf Süßes anfeuern.

✲ Babys sind auf die sanfte Süße von Muttermilch eingestellt. Ob sie sich schnell an mehr Süße gewöhnen, liegt besonders im ersten und zweiten Lebensjahr in der Hand der Eltern. Werden Speisen in dieser Zeit nur leicht gesüßt und wird auf zuckrige Süßigkeiten und Getränke weitgehend verzichtet, bleibt das natürliche Süßempfinden des Kindes länger erhalten.

GESÜNDER NASCHEN

Natürlich sollten Sie der süßen Lust auch mal nachgeben. Denn wer immer verzichtet, bekommt früher oder später garantiert unbändigen Heißhunger. Besser in Maßen natürlich gesüßte Kuchen, Törtchen, Desserts und Süßspeisen ge-

nießen, die wertvolle Nährstoffe statt leerer Kalorien liefern und satt machen. Der Schlüssel zum maßvollen Genuss ist ein stabiler Blutzuckerspiegel. Denn Achterbahnfahrten durch schnellen Zucker führen meist in einen Teufelskreis. Der ausgewogene Mix aus Eiweiß, Fett und langsam verwertbaren Kohlenhydraten wie Ballaststoffen in meinen süßen Rezepten verzögert die Verdauung der Köstlichkeiten. So steigt der Blutzuckerspiegel nur langsam an und bleibt in Balance. Aber nicht vergessen: Auch gesunde Leckereien haben Kalorien! Sie sollten Kuchen, Desserts und Co. also nicht einfach nebenbei und zwischendrin essen, sondern sie bewusst als Extra einplanen und dafür Platz auf Ihrem Kalorienkonto schaffen, indem Sie bei den anderen Mahlzeiten oder am nächsten Tag etwas kürzer treten oder sich einfach mehr bewegen.

DIE BESTEN SOS-TIPPS GEGEN DIE NASCHLUST

⇥ TSCHÜSS, HEISSHUNGER!

Wenn das Verlangen nach Süßem übergroß wird, können Sie mit diesen natürlichen Essbremsen die Naschlust schnell vertreiben.

Schnuppern statt naschen
Riechen Sie an einem Fläschchen Vanille-Duftöl. Das vertreibt den Süßhunger, denn das Aroma sorgt dafür, dass im Gehirn der Glücksstoff Serotonin auch ohne Kalorien gebildet wird.

Sanfter Druck
Mit dem Zeigefinger 20 Sekunden leicht auf die Stelle zwischen Nase und Oberlippe pressen. Dieser Akupressurpunkt wirkt auf das Appetitzentrum im Gehirn als Naschbremse.

Für Ablenkung sorgen
Rufen Sie eine Freundin an, räumen Sie die Spülmaschine aus oder vertiefen Sie sich in ein Buch – Beschäftigung lässt uns den Heißhunger vergessen!

Warmes trinken
Trinken Sie eine Tasse von dem Teepunsch auf Seite 123. Der hat kaum Kalorien, befriedigt aber den süßen Zahn und sorgt für ein wohliges Gefühl im Bauch.

Zähne putzen
Der Minzgeschmack von Zahnpasta vertreibt die Lust auf Süßes sofort.

NATÜRLICH SÜSS

Auch wenn Sie raffinierten Zucker
meiden wollen, können Sie das süße Leben genießen.
Das EINE Süßungsmittel gibt es dabei nicht.
Denn von Ahornsirup bis Vollrohrzucker hat jedes Produkt
eigene Stärken. Genießen Sie deshalb je nach Geschmack
und Verwendung die natürliche Vielfalt.

1. AHORNSIRUP

Der aus Ahornbäumen abgezapfte Saft wird gefiltert und eingekocht. Er hat einen kräftigen, karamelligen Geschmack und ist umso wertvoller, je heller er ist. Der höchste in Deutschland erhältliche Qualitätsgrad ist „AA". Der Sirup versüßt nicht nur Pancakes, er lässt sich auch für andere Süßspeisen und zum Backen verwenden. Dann muss der Flüssigkeitsanteil im Rezept eventuell angepasst werden. Wegen seiner dunklen Farbe eignet sich der Sirup nicht für helle Cremes. Sein glykämischer Index ist mit etwa 55 etwas niedriger als der von Zucker, und er süßt stärker als dieser. Ahornsirup liefert einige Mineralien wie z.B. Kalium, Eisen und Magnesium und hat einen relativ hohen Fruktosegehalt.

2. DATTELSIRUP

Der rotbraune Sirup wird aus eingeweichten, eingekochten Datteln hergestellt und hat eine stärkere Süßkraft als Zucker. Daher kann er sparsamer verwendet werden. Zu seinem glykämischen Index liegen keine Angaben vor. Sein fruchtigsüßes Aroma passt nicht nur zu Süßem, sondern auch zu herzhaften Gerichten. Neueste Studien sprechen dem im Orient schon seit Jahrhunderten als Heilmittel verwendeten mineralstoffreichen Sirup antibakterielle Eigenschaften zu.

3. HONIG

Das natürliche Produkt der Bienen hat eine höhere Süßkraft als Zucker, sodass man weniger davon benötigt. Roher, kalt geschleuderter Honig enthält zudem wertvolle Stoffe, die antibiotisch wirken – seine Verwendung macht aber nur bei kalten Zubereitungen Sinn und ist wegen möglicher Keime für Babys unter einem Jahr tabu. Der glykämische Index schwankt je nach Honigsorte und hängt davon ab, wie viel Fruktose sie enthält.

4. KOKOSBLÜTENZUCKER

Der braune, krümelige Zucker, der aus den Blüten der Kokospalme gewonnen wird, ist unraffiniert und enthält so mehr Vitamine, Mineralien, Antioxidantien und Aminosäuren als weißer Haushaltszucker sowie den Ballaststoff Inulin. Zum Star der Gesundheitsszene hat ihn sein niedriger glykämischer Index von 35 gemacht, der bisher aber nur durch eine Studie abgesichert wurde. Von der UN ist er zum nachhaltigsten Zucker der Welt erklärt worden. Er hat ein karamellartiges Aroma und kann wie normaler Zucker, aber mit etwas schwächerer Süßkraft, verwendet werden. Bei Fruktoseintoleranz ist er nicht geeignet. Bevorzugen Sie Bioware; preiswerte Produkte sind oft verunreinigt oder gestreckt. Als flüssige Alternative gibt es Kokosblütensirup.

3. HONIG

1. GETROCKNETE CRANBERRYS

8. SÜSSHOLZWURZEL

6. SCHWARZE MELASSE

4. KOKOSBLÜTENZUCKER

9. VOLLROHRZUCKER

5. REISSIRUP

2. DATTELSIRUP

1. AHORNSIRUP

SÜSSUNGSMITTEL, DIE ICH NICHT VERWENDET HABE

Neben den zahlreichen Süßungsmitteln, die ich für die Rezepte in diesem Buch verwendet habe, gibt es auch einige, die ich ganz bewusst vermieden habe. Warum ich auf beliebte Zuckeralternativen wie Stevia oder Xylit verzichtet habe, erfahren Sie hier.

Agavendicksaft war lange der Liebling unter den alternativen Süßungsmitteln, denn er hat einen niedrigen glykämischen Index. In letzter Zeit ist er allerdings etwas in Verruf geraten, denn er besteht zu einem sehr hohen Anteil aus Fruktose. Die kann bei Überkonsum zu Fetteinlagerungen in der Leber führen. Zudem wird das natürliche Ursprungsprodukt hochverarbeitet, bevor es als Dicksaft in den Handel kommt, und verliert so einen Großteil seiner gesunden Inhaltsstoffe.

Yaconsirup hat seinen Ursprung in Südamerika und wird aus Wurzelknollen gewonnen. Er ist sanft-süß, hat einen niedrigen glykämischen Index und wirkt durch viel Inulin positiv auf den Darm. Außerdem enthält er nennenswerte Mengen an B-Vitaminen und Mineralien. In Deutschland ist Yaconsirup erst vor Kurzem als Nahrungsmittel zugelassen worden, allerdings ist er nur zu stolzen Preisen in einigen Onlineshops erhältlich.

Xylit (Birkenzucker) und Erythrit sind Zuckeralkohole mit ähnlicher Süßkraft wie Zucker, aber ohne Kalorien und Blutzuckerwirkung. Da die hochverarbeiteten Süßungsmittel im Dickdarm vergärt werden, können sie besonders anfangs Blähungen und Durchfälle verursachen. Sie haben einen kühlenden Geschmackseffekt, der bei vielen Rezepten stört. Möglicherweise bringt die Kombination aus hoher Süßkraft, aber wenig Kalorien den Stoffwechsel durcheinander und kann so ähnlich wie künstliche Süßstoffe Heißhunger verursachen.

Künstliche Süßstoffe wie Cyclamat, Aspartam und Saccharin sind kalorienfrei und je nach Sorte 30- bis 500-mal süßer als Zucker. Auch wenn bisher nichts eindeutig belegt ist, tauchen immer wieder Studien auf, die ihnen eine gesundheitsschädliche Wirkung nachweisen wollen. Daher sind sie umstritten. Problematisch ist in jedem Fall die Wirkung auf den Stoffwechsel: Durch den süßen Geschmack bereitet sich unser Körper auf Zucker und Kalorien vor, die dann nicht kommen. Das kann Heißhunger auslösen. Beim Backen sind die Produkte zudem schwierig einzusetzen, da das Volumen des Zuckers fehlt. Ein großes Minus ist auch, dass sie oft einen metallischen Nachgeschmack erzeugen.

Stevia ist in Deutschland nur in Form von Steviaglycosiden, die in einem aufwendigen chemischen Prozess aus den Steviablättern herausgelöst werden, zugelassen und daher kein rein natürliches Süßungsmittel. Beim Backen ist es schwierig einzusetzen. Für Süßspeisen, Desserts und Getränke ist es dagegen besser geeignet, hat aber einen metallischen Nachgeschmack, den viele Menschen als störend empfinden. Der kalorienfreie Süßstoff mit 300-mal höherer Süßkraft als Zucker kann genau wie künstliche Süßstoffe den Stoffwechsel täuschen.

DIESE ZUCKER-ALTERNATIVEN BESSER MEIDEN

5. REISSIRUP

Der mithilfe von natürlichen Enzymen aus Reis hergestellte Sirup enthält Mehrfachzucker (Oligosaccharide), die dem Darm guttun, etwas Eiweiß und viele Mineralien. Er ist frei von Fruktose und Gluten. Die Angaben für den glykämischen Index schwanken zwischen 25 und 100. Ein höherer GI, aber ein Abbremsen der Zuckeraufnahme durch die Oligosaccharide ist jedoch am wahrscheinlichsten. Mit seinem milden Aroma lässt er sich gut für Cremes, Müsli oder Getränke verwenden, aber auch zum Backen. Seine Süßkraft ist nur etwa halb so hoch wie die von Zucker. Reissirup ist eine der wenigen Alternativen für alle, die unter einer Fruktoseintoleranz leiden.

6. SCHWARZE MELASSE

Die zähe schwarze Paste ist das, was nach der Raffinierung von Zuckerrohr übrig bleibt. Sie enthält daher alle wertvollen Stoffe, die dem raffinierten Zucker entzogen wurden: sämtliche B-Vitamine, Eiweißstoffe, Mineralien und Spurenelemente wie Eisen, Magnesium oder Zink und sekundäre Pflanzenstoffe. Aus diesem Grund hat die Melasse Tradition als Nahrungsergänzung und Hausmittel. Sie enthält weniger Zucker als andere Süßungsmittel, hat aber einen glykämischen Index von 55. Mit ihrem eigenwilligen lakritzartigen Geschmack wird sie gerne als Süßungs- und Würzmittel für dunkles Weihnachtsgebäck, dunkle Cremes und herzhafte Saucen verwendet. Für helles, feines Gebäck oder Süßspeisen ist das preiswerte Süßungsmittel dagegen ungeeignet.

7. SÜSSE AUS FRÜCHTEN

Verpackt mit den Ballaststoffen der natürlichen Frucht, geht Fruchtzucker langsamer ins Blut als pure Süßungsmittel. Außerdem liefert Obst neben viel Aroma auch reichlich Vitamine, Mineralien und Bioaktivstoffe. Der Zuckergehalt ist je nach Sorte unterschiedlich: Während Beeren kaum Zucker enthalten, sind Bananen oder Weintrauben zuckerreich. Als Kuchenbelag, in Teigen, Cremes, Süßspeisen oder zum Dessert helfen sie dabei, andere Süßungsmittel einzusparen. In Trockenfrüchten wie Cranberrys konzentriert sich der natürliche Fruchtzucker genauso wie die Mineralien und Ballaststoffe. Fruchtsäfte sorgen ebenfalls für Süße, sollten aber immer mit Ballaststoff- oder Eiweißreichem kombiniert werden, um den Blutzuckeranstieg abzumildern. Zu den Superfoods gehört Lucuma, eine Frucht, die in Deutschland nur als Pulver erhältlich ist. Das Pulver süßt Kuchen, Süßspeisen und Desserts mit vielen Ballaststoffen und Antioxidantien sanft und ohne den Blutzuckerspiegel zu beeinflussen.

8. SÜSSHOLZWURZEL

Die holzige Wurzel, die aussieht wie ein kleines Stöckchen, ist dank des Inhaltsstoffs Glycyrrhizin, der ihr gleichzeitig den lakritzartigen Geschmack verleiht, 50-mal süßer als Zucker. Und das, ohne Kalorien zu liefern und ohne den Blutzucker ansteigen zu lassen. Sie ist in der Apotheke oder im Teeladen erhältlich und eignet sich zum Süßen von warmen Getränken wie Tee oder Punsch oder für Kompott. Schon kleine Mengen, die Sie am besten mit einem scharfen Messer von der Wurzel abschaben, reichen dafür aus.

9. VOLLROHRZUCKER

Er wird wie weißer oder brauner Rohrzucker aus Zuckerrohr gewonnen, aber im Gegensatz zu diesen Varianten nicht raffiniert. Daher enthält er noch etwas mehr Vitamine und Mineralien. Er hat einen kräftigen, karamellartigen Eigengeschmack und eine krümelig-pudrige Konsistenz. Weil sein glykämischer Index recht hoch ist, sollte man ihn aber nur moderat verwenden. Aufgrund der ähnlichen Konsistenz kann er genau wie raffinierter Zucker eingesetzt werden.

FÜR MEHR GENUSS
MIT
NÄHRSTOFF-PLUS

Mit den richtigen Zutaten liefert Süßes statt leerer Kalorien
jede Menge Nährstoff-Power. Hier meine Favoriten,
die Gebäck, Desserts und Süßspeisen mit viel Genuss
in gesunde Sattmacher verwandeln.

❖ NUSSMEHLE ❖

Nussmehle wie Mandel-, Haselnuss- oder Kokosmehl werden aus
dem Presskuchen von Nüssen bei der Ölherstellung gewonnen.
Sie können Getreidemehl in Gebäck ganz oder teilweise ersetzen.
Der Vorteil: Der Anteil an leicht verdaulichen Kohlenhydraten
sinkt, dafür steigt der Gehalt an gutem Fett und Pflanzeneiweiß.

❖ NÜSSE, KERNE UND SAMEN ❖

Nüsse, Kerne und Samen
punkten mit herzgesunden
ungesättigten Fetten und haben
einen guten Sättigungseffekt.
Zusätzlich sind sie reich an
Mineralien, B-Vitaminen und
Vitamin E.

❖ HÜLSENFRÜCHTE UND OBST ❖

Hülsenfrüchte wie Kichererbsen
können Kuchen mit ihrem Mix aus hochwertigem Pflanzeneiweiß und Ballaststoffen
anreichern und machen den Teig extrasaftig.
Avocados sorgen besonders in veganen
Cremes für hochwertiges Fett und Vitamin E.

TROCKENFRÜCHTE

Sie liefern neben Süße auch reichlich Ballaststoffe, Mineralstoffe, Spurenelemente, Vitamine und sekundäre Pflanzenstoffe.

AROMAZUTATEN

Gewürze tun mit ihren ätherischen Ölen Magen und Darm gut und machen die süßen Speisen leichter verdaulich. Kakao-, Carob- oder Lucumapulver überzeugen mit vielen zellschützenden Antioxidantien, Carob und Lucuma außerdem mit natürlicher Süße und Ballaststoffen.

SÜSSLICH MILDES GEMÜSE

Gemüsesorten wie Rote Bete, Süßkartoffeln oder Möhren eignen sich geraspelt bestens für süße Kuchen. Sie machen Rührteige oder Gebäckfüllungen besonders saftig, erhöhen den Ballaststoff- und Vitalstoffanteil und sorgen für eine leichte natürliche Süße.

GETREIDE UND PSEUDOGETREIDE

Hier gilt: Je höher der Anteil an Vollkornmehl oder vollwertigen Getreideprodukten wie Haferflocken oder Vollkorngrieß in Gebäck und Süßspeisen, desto höher ist der Ballaststoffanteil. Der sorgt dafür, dass die Kohlenhydrate aus den Leckereien langsamer ins Blut gehen. So bleibt der Blutzuckerspiegel stabil, das Sättigungsgefühl hält länger an, und Heißhungerattacken bleiben aus. Besonders nährstoffreich und glutenfrei sind Pseudogetreide wie Quinoa oder Buchweizen.

GUTE ZUTATEN
FÜR
BESTEN GESCHMACK

Damit Süßes zur nährstoffreichen Köstlichkeit wird, kommt
es nicht nur auf ein ausgewogenes Rezept an,
sondern auch darauf, die richtigen Produkte auszuwählen.
Hier die besten Tipps zu häufig verwendeten Zutaten.

GETREIDE ALS BASIS

Weizen hat gute Backeigenschaften und ist der Klassiker fürs Backen. Während helles Mehl der Type 405 arm an Ballaststoffen, B-Vitaminen und Mineralien ist, enthält Vollkornmehl alle wertvollen Inhaltsstoffe des ganzen Korns. Es hat einen nussigen Geschmack und braucht etwas mehr Flüssigkeit als helles Mehl. Für zartere Kreationen ist Weizenmehl der Type 1050 ideal, das immer noch mehr als doppelt so viel der wertvollen Getreidestoffe enthält wie Weißmehl. Weizenvollkorngrieß oder Couscous aus Vollkorn eignet sich gut für Süßspeisen. Da Vollkornprodukte Fett aus dem Getreidekeimling enthalten, können sie schnell ranzig werden – falls möglich, deshalb selbst frisch mahlen (oder im Bioladen mahlen lassen) und rasch verbrauchen.

Dinkel hat ein leicht nussiges Aroma und wird oft besser vertragen als Weizen. Bei einer Glutenunverträglichkeit ist Dinkel jedoch keine Alternative. Die hellste Mehlstufe ist die Type 630, die sich bestens für feines Gebäck eignet und mit mehr Eiweiß, Vitaminen und Mineralstoffen aufwarten kann als helles Weizenmehl. Das nähr- und ballaststoffreiche Dinkelvollkornmehl ist mild im Geschmack und kommt bei Vollkornanfängern meist besser an als Weizenvollkornmehl.

Hafer wird oft nur in Form von Flocken angeboten, die aus dem vollen Korn hergestellt wurden. Zu Mehl werden sie, wenn man sie im Universalzerkleinerer fein mahlt. Wer glutenfrei backen will, sollte darauf achten, extra gekennzeichnete glutenfreie Flocken zu kaufen und – bei nachgewiesener Glutenintoleranz – die Verwendung zunächst mit dem behandelnden Arzt abzuklären.

Buchweizen ist ein glutenfreies Pseudogetreide mit nussigem Geschmack. Er ist reich an langsam verdaulichen Kohlenhydraten und Ballaststoffen, Pflanzeneiweiß, B-Vitaminen sowie Mineralien. Zum Backen sollte das Mehl mit anderen Mehlen oder Nussmehlen gemischt werden, damit der Teig eine optimale Konsistenz erhält.

Nussmehle liefern weniger leicht verdauliche Kohlenhydrate, aber mehr Ballaststoffe, Eiweiß und gesundes Fett als Getreidemehle. Kokosmehl ist besonders ballaststoffreich und saugt viel Flüssigkeit auf. Der Flüssigkeitsanteil im Rezept muss dementsprechend erhöht werden. Werden

NOCH MEHR NUSSAROMA

Leichtes Anrösten ohne Fett verstärkt das Aroma von Nussmehlen, Kernen und Samen. Vorsicht: Werden sie zu dunkel, schmecken sie bitter. Da sie schnell ranzig werden, stets nur Mengen kaufen, die Sie bald verbrauchen können. Dann gut verschlossen und dunkel lagern.

Mandel- oder Haselnussmehl in Mengen bis zu etwa 50 Gramm in Gebäck verwendet, können Sie sie auch durch gemahlene Nüsse ersetzen, die allerdings einen höheren Fettanteil haben.

GUTE FETTLIEFERANTEN

Öle wie Sonnenblumen- oder Rapsöl, die geschmacksneutral sind und mit ungesättigtem Fett punkten, sind ideal zum Backen. Für einige Rezepte eignet sich auch Kokosöl mit seinem exotischen Aroma. Es ist bei Zimmertemperatur fest und muss zunächst zerlassen werden. Vorsicht beim Abmessen in Esslöffeln: Da flüssiges und festes Öl ein anderes Volumen haben, darauf achten, worauf sich die Mengenangabe bezieht! **Avocados** eignen sich mit ihrem hohen Fettgehalt ebenfalls gut als Zutat für Gebäck. Damit sie sich gut verarbeiten lassen und schmecken, sollten Sie den Reifegrad testen. Entfernen Sie dazu den Stielansatz: Ist das Fruchtfleisch darunter grün, ist die Frucht unreif. Ist es dunkelbraun, ist sie überreif. Eine olivgrüne Farbe hingegen zeigt den perfekten Reifezustand an.

EIWEISSREICHE ZUTATEN

Milch und Milchprodukte lassen sich bei Laktoseunverträglichkeit durch entsprechende laktosefreie Produkte ersetzen. Für alle, die Milcheiweiß nicht vertragen oder vegane Produkte bevorzugen, ist Pflanzliches wie ungesüßter Soja- oder Mandeldrink, Seidentofu, Mandelmus sowie Kokosmilch, -creme oder -mus eine gute Alternative. **Eier** lassen sich ebenfalls ersetzen, z. B. durch „Ei-Ersatzpulver" (Bioladen) auf Basis von Lupinenmehl oder durch Chiasamen: Pro Ei 1 EL Chiasamen mit 4 bis 5 EL Wasser 15 Minuten quellen lassen. Dieser Ersatz eignet sich am besten in Rührteig oder Rezepten mit maximal drei Eiern. **Hülsenfrüchte** liefern Eiweiß sowie Ballaststoffe und sorgen für Bindung und Saftigkeit. Ideal für süße Gerichte sind neutral bis leicht nussig

BACKTRIEBMITTEL

Weinsteinbackpulver ist eine natürliche Backpulver-Alternative, bei der statt Phosphat Weinstein als Säuerungsmittel verwendet wird. So verursacht es keinen „Backpulver-Geschmack" bei Rührkuchen und ist auch für all jene, die Phosphat nicht vertragen, geeignet.

schmeckende Sorten wie Kichererbsen oder weiße Bohnen. Vorgekochte Hülsenfrüchte aus der Dose, die keine weiteren Zutaten enthalten, sind praktisch für die schnelle Verwendung. Getrocknete Hülsenfrüchte müssen erst über Nacht eingeweicht und etwa 45 Minuten gekocht werden.

AROMAZUTATEN

Vanille rundet den Geschmack von Gebäck ab, vor allem das Mark der Schote hat ein besonders feines Aroma. Eine gute Alternative ist – immer häufiger auch in normalen Supermärkten erhältlich – natürlicher Vanilleextrakt, der sich leicht dosieren lässt und gut in Flüssigkeiten auflöst. Für die Menge gilt als Faustregel: 1 TL Vanilleextrakt entspricht etwa dem ausgekratzten Mark von 1 Vanilleschote. Achten Sie beim Kauf jedoch darauf, dass keine Aromastoffe zugesetzt sind. **Kakaopulver** in Rohkostqualität ist besonders reich an Antioxidantien und Mineralstoffen. **Carobpulver** aus den Früchten des Johannisbrotbaums schmeckt ähnlich wie Kakaopulver, ist aber süßlicher, fettärmer, ballaststoffreicher und enthält kein Koffein. **Dunkle Schokolade** mit einem Kakaoanteil von mindestens 70 Prozent enthält weniger Zucker und mehr gesunde Kakaobestandteile als Vollmilchschokolade. Wer ganz auf raffinierten Zucker verzichten will, findet in Bioläden Schokoladenalternativen, die z. B. mit Kokosblütennektar gesüßt sind.

KUCHEN
UND
Torten

OB GEBURTSTAGSFEIER, GEMÜTLICHER KAFFEEKLATSCH ODER EINFACH NUR, UM SICH DAS WOCHENENDE ZU VERSÜSSEN: VOM SCHNELLEN RÜHRKUCHEN BIS ZUR EXTRAVAGANTEN TORTE FINDET HIER JEDER DAS PASSENDE LIEBLINGSREZEPT!

CARROT CAKE
MIT
CASHEW-FROSTING

Kuchen mit Vollkornmehl sind trocken? Diese saftige
Variante wird Sie ganz schnell vom Gegenteil überzeugen!
Der Trick ist Apfelmus, das zusammen mit Bananen
zusätzlich für natürliche Süße sorgt.

**FÜR 1 SPRINGFORM
(26 CM DURCHMESSER)**

FÜR DAS FROSTING:
200 g Cashewkerne
3 EL Ahornsirup
Mark von ½ Vanilleschote
2–3 TL Zitronensaft
1 Prise Salz
1–2 EL Kokosraspel
zum Bestreuen

FÜR DEN TEIG:
200 g Möhren
75 g Cashewkerne
2 reife Bananen
(ca. 200 g Fruchtfleisch)
200 g ungesüßtes Apfelmus
150 g Weizenvollkornmehl
125 g Weizenmehl (Type 1050)
2 TL Natron, 1 TL Zimtpulver
125 ml Öl (z. B. Sonnenblumen-,
Raps- oder Kokosöl)

3 Eier (Größe M)
5 EL Ahornsirup
75 g Kokosraspel
100 g Rosinen
Fett und Mehl für die Form

ZUBEREITUNG: ca. 30 Min.
EINWEICHEN: mind. 4 Std.
BACKEN: 45–50 Min.

---

1 Für das Frosting die Cashewkerne in einer
Schüssel mit Wasser bedecken und mindestens 4 Stunden, besser über Nacht, einweichen.

2 Für den Teig den Backofen auf 190 °C (Umluft 170 °C) vorheizen. Die Form einfetten und mit Mehl ausstäuben. Die Möhren putzen, schälen und grob raspeln. Die Cashewkerne grob hacken. Die Bananen schälen, in Stücke schneiden und mit dem Apfelmus mit dem Stabmixer pürieren.

3 Beide Mehlsorten, Natron und Zimt mischen. Öl, Eier, Ahornsirup und das Fruchtpüree in einer Rührschüssel verquirlen. Die Mehlmischung nur so lange unterrühren, bis sich alles eben verbunden hat. Gehackte Cashewkerne, Kokosraspel und Rosinen kurz unterrühren. Den Teig in die

Form füllen. Im Ofen (Mitte) 45 bis 50 Minuten backen. In der Form auf einem Kuchengitter etwa 20 Minuten abkühlen lassen, dann aus der Form stürzen und vollständig abkühlen lassen.

4 Inzwischen für das Frosting die eingeweichten Cashewkerne in ein Sieb abgießen. Mit Ahornsirup, Vanillemark, Zitronensaft und Salz sehr fein pürieren. Den Kuchen mit dem Frosting bestreichen und mit Kokosraspeln bestreuen.

TIPP

Sie haben vergessen, die Cashewkerne einzuweichen? Kein Problem: Die Kerne einfach in einem kleinen Topf mit Wasser 10 Minuten köcheln lassen, abgießen und direkt weiterverwenden.

VOLLE
NUSS-POWER
VORAUS!

HIMBEER-BROWNIES
MIT
DATTELN

Das Geheimnis dieser Schokoschnitten sind Kichererbsen.
Keine Angst: Die schmecken Sie nicht raus! Aber sie
machen den Kuchen auf leichte Art saftig und reichern ihn
mit wertvollem Eiweiß und Ballaststoffen an.

FÜR 1 SPRINGFORM
(24 × 24 CM)

100 g weiche Datteln
(z. B. Medjool; ohne Stein)
150 g Zartbitterschokolade
(mind. 70 % Kakaoanteil)
125 g Butter

1 Dose Kichererbsen
(240 g Abtropfgewicht)
50 g gemahlene Mandeln
2 EL Carobpulver (Bioladen)
2 EL Lucumapulver (Bioladen)
½ TL Weinsteinbackpulver
3 Eier (Größe M)
50 g Kokosblütenzucker

1 Prise Salz
250 g Himbeeren
(frisch oder tiefgekühlt)
Fett für die Form

ZUBEREITUNG: ca. 25 Min.
EINWEICHEN: mind. 1 Std.
BACKEN: 30–40 Min.

---

1 Die Datteln mit heißem Wasser übergießen und mindestens 1 Stunde einweichen.

2 Den Backofen auf 175 °C (Umluft 160 °C) vorheizen. Die Form einfetten. Die Schokolade grob hacken und mit der Butter im heißen Wasserbad unter Rühren schmelzen. Vom Herd nehmen und etwas abkühlen lassen.

3 Die Datteln ebenso wie die Kichererbsen in ein Sieb abgießen und abtropfen lassen. Beides in einem hohen Rührbecher mit dem Stabmixer oder im Mixer fein pürieren. Mandeln, Carobpulver, Lucumapulver und Backpulver mischen.

4 Die Eier mit dem Kokosblütenzucker und dem Salz in einer Rührschüssel mit den Quirlen des Handrührgeräts in etwa 5 Minuten hell-cremig aufschlagen. Die Schokoladen-Butter-Mischung unter ständigem Rühren langsam dazugießen.

Erst die Kichererbsenmischung, dann die Mandelmischung dazugeben und beides unterrühren. Die Himbeeren verlesen (tiefgekühlte Beeren müssen nicht aufgetaut werden) und zum Schluss vorsichtig unter den Teig heben.

5 Den Teig in die Form füllen und im Ofen (Mitte) 30 bis 40 Minuten backen – er sollte in der Mitte noch etwas weich sein. Die Brownies in der Form auf einem Kuchengitter abkühlen lassen. Anschließend aus der Form stürzen und in Stücke schneiden.

TIPP

Beim Abkühlen wird die Masse noch etwas fester und lässt sich hinterher besser schneiden. Die Brownies bleiben abgedeckt im Kühlschrank bis zu 3 Tage frisch und saftig.

SEELENFUTTER
OHNE
GLUTEN

ZIMTKUCHEN
MIT
ZWETSCHGEN

Schnell gebacken, herrlich würzig und schön saftig:
Ein Stück von diesem Kuchen ist das beste Rezept gegen
den Blues an kühlen Herbsttagen. Schmeckt am besten
nach einem Spaziergang durch den bunten Laubwald.

**FÜR 1 SPRINGFORM
(26 CM DURCHMESSER)**

750 g Zwetschgen
250 g Dinkelvollkornmehl
2 TL Weinsteinbackpulver
1 TL Zimtpulver

1 TL Ingwerpulver
50 g gemahlene Haselnüsse
175 g weiche Butter
125 g Vollrohrzucker
1 Prise Salz
4 Eier (Größe M)
Fett und Mehl für die Form

Puderzucker aus Roh-Rohr-
zucker (Bioladen)

ZUBEREITUNG: ca. 30 Min.
BACKEN: 50–60 Min.

1 Den Backofen auf 180 °C (Umluft 160 °C) vorheizen. Die Form einfetten und mit Mehl ausstäuben. Die Zwetschgen waschen, halbieren und entsteinen. Die Hälften jeweils der Länge nach mittig einschneiden.

2 Das Mehl mit Backpulver, Zimt, Ingwer und Haselnüssen mischen. Die Butter mit dem Vollrohrzucker und dem Salz in einer Rührschüssel mit den Quirlen des Handrührgeräts etwa 5 Minuten cremig schlagen.

3 Die Eier einzeln jeweils so lange unterrühren, bis sich die Zutaten wieder gut verbunden haben. Zunächst die Hälfte der Mehlmischung dazugeben und alles kurz zu einem glatten Teig verrühren. Dann die restliche Mehlmischung ebenso unterrühren.

4 Den Teig in die Form füllen und glatt streichen. Die Zwetschgen mit der Schnittfläche nach unten darauf verteilen. Kuchen im Ofen (2. Schiene von unten) 50 bis 60 Minuten backen. In der Form auf einem Kuchengitter abkühlen lassen. Aus der Form heben und vor dem Servieren dünn mit Puderzucker bestäuben.

TIPP

Für einen versunkenen Apfelkuchen etwa 4 Äpfel schälen, halbieren, entkernen und an der gewölbten Seite mehrmals längs einschneiden. Die Apfelhälften mit der gewölbten Seite nach oben leicht in den Teig drücken. Die Äpfel nach dem Backen mit etwas erwärmtem Aprikosen-Fruchtaufstrich (75 % Fruchtanteil, mit Honig oder Agavendicksaft gesüßt) bestreichen.

BEERENKUCHEN
UPSIDE-DOWN
MIT POLENTA

Erst kommt die feine Karamell-Beeren-Mischung in die
Form, dann der herrlich lockere Teig mit Polenta obendrauf.
Nach dem Backen wird einfach das Unterste zuoberst
gekehrt, und fertig ist ein wunderbar saftiger Kuchen.

**FÜR 1 SPRINGFORM
(18 CM DURCHMESSER)**

FÜR DEN BELAG:
250 g Rote Johannisbeeren
50 g Himbeeren
20 g Butter
1 EL flüssiger Honig

FÜR DEN TEIG:
75 g Dinkelmehl (Type 630)
75 g Polenta (Maisgrieß)
50 g gemahlene Mandeln
½ TL Weinsteinbackpulver
1 Prise Salz
1 TL fein abgeriebene
Bio-Zitronenschale

80 g flüssiger Honig
50 g Naturjoghurt (3,5 % Fett)
2 Eier (Größe M)
80 ml Öl (z. B. Sonnenblumen-,
Raps- oder Kokosöl)

ZUBEREITUNG: ca. 25 Min.
BACKEN: ca. 35 Min.

---

1 Den Backofen auf 170 °C (Umluft 150 °C) vorheizen. Die Form von außen so mit zwei Lagen fester Alufolie umwickeln, dass der Boden dicht ist.

2 Für den Belag die Johannisbeeren waschen, trocken tupfen und von den Rispen streifen. Die Himbeeren verlesen. Die Butter in einem kleinen Topf zerlassen und den Honig unterrühren. Die Masse 2 bis 3 Minuten bei mittlerer bis starker Hitze köcheln lassen, bis sie goldbraun und etwas eingekocht ist. Die Johannis- und Himbeeren unterrühren. Die Mischung sofort in die Springform geben und darin verteilen, sodass der Boden der Form damit bedeckt ist.

3 Für den Teig das Dinkelmehl mit Polenta, Mandeln, Backpulver, Salz und Zitronenschale mischen. Den Honig mit dem Joghurt, den Eiern und dem Öl in einer Rührschüssel verquirlen.

Die Mehlmischung dazugeben und nur so lange unterrühren, bis sich alle Zutaten zu einem glatten Teig verbunden haben.

4 Den Teig vorsichtig in die Form füllen und glatt streichen. Im Ofen (2. Schiene von unten) etwa 35 Minuten backen (Stäbchenprobe machen!). Sollte der Kuchen gegen Ende der Backzeit zu stark bräunen, eventuell mit Alufolie abdecken.

5 Den Kuchen aus dem Ofen nehmen und in der Form 2 bis 3 Minuten abkühlen lassen. Mit einem Messer vom Rand lösen, auf eine Kuchenplatte stürzen und vollständig abkühlen lassen.

TIPP

Lecker auch mit Vanille-Sahne: Dafür 200 g Sahne mit ½ TL gemahlener Bourbon-Vanille steif schlagen und nach Belieben mit 1 TL Ahornsirup süßen.

YUMMY: MIT DEM KOKOS-PISTAZIEN-EIS VON SEITE 132

STREUSELKUCHEN
MIT
KIRSCHEN

Zum Glück gibt es hier für jeden mehrere Stücke. Denn das
Quartett aus Hefeteig, saftiger Quarkcreme, frischen Früch-
ten und knusprigen Vanillestreuseln macht garantiert
Appetit auf eine Extraportion!

FÜR 1 TIEFES BACKBLECH

FÜR DEN TEIG:
150 ml Milch
15 g frische Hefe
275 g Dinkelmehl (Type 630)
2 EL Kokosblütenzucker
1 Prise Salz
2 EL Öl (z. B. Sonnenblumen-,
Raps- oder Kokosöl)
Mehl zum Ausrollen
Fett für das Backblech

FÜR DEN BELAG:
500 g Magerquark
100 g Sahne
4 EL Kokosblütenzucker
1 EL Zitronensaft
1 TL fein abgeriebene
Bio-Zitronenschale
2 Eier (Größe M)
1 EL Weizenvollkorngrieß
750 g Sauerkirschen
(ersatzweise ca. 700 g entsteinte tiefgekühlte Kirschen)

FÜR DIE STREUSEL:
200 g Dinkelmehl (Type 630)
50 g Kokosblütenzucker
Mark von ½ Vanilleschote
1 Prise Salz
120 g Butter

ZUBEREITUNG: ca. 40 Min.
RUHEN: ca. 1 Std.
BACKEN: 30–35 Min.

1 Für den Teig die Milch lauwarm erhitzen, die Hefe hineinbröckeln und unter Rühren auflösen. Die Mischung zugedeckt etwa 10 Minuten ruhen lassen. Das Mehl mit Kokosblütenzucker, Salz und Öl in einer Rührschüssel mischen. Die Hefemilch dazugießen und alles zunächst mit den Knethaken des Handrührgeräts, dann mit den Händen 5 bis 10 Minuten glatt verkneten. Den Teig zugedeckt an einem warmen Ort etwa 30 Minuten gehen lassen.

2 Inzwischen für den Belag Quark, Sahne, Kokosblütenzucker, Zitronensaft und -schale, Eier und Grieß zu einer glatten Creme verrühren. Die Kirschen waschen, entstielen, entsteinen und auf Küchenpapier abtropfen lassen. Für die Streusel

Mehl mit Kokosblütenzucker, Vanillemark, Salz und Butter krümelig verkneten und kühl stellen.

3 Das Backblech einfetten. Den Teig nochmals kurz durchkneten und auf der leicht bemehlten Arbeitsfläche in Größe des Backblechs ausrollen. Auf das Blech legen, mit einer Gabel mehrmals einstechen und zugedeckt etwa 10 Minuten gehen lassen.

4 Inzwischen den Backofen auf 200 °C (Umluft 180 °C) vorheizen. Die Creme auf dem Teig verstreichen, dann gleichmäßig die Kirschen und anschließend die Streusel darauf verteilen. Im Ofen (Mitte) 30 bis 35 Minuten backen. Auf einem Kuchengitter abkühlen lassen.

BANANENBROT
MIT
WALNÜSSEN

Dieser amerikanische Klassiker ist ein echtes Multitalent:
Er schmeckt solo oder mit dem Frosting von Seite 24
zum Tee oder Kaffee, getoastet und mit Butter bestrichen
zum Frühstück – und zwischendurch als süßer Pausensnack.

**FÜR 1 KASTENFORM
(30 CM LÄNGE, 1¾ L INHALT)**

200 g Weizenvollkornmehl
150 g Weizenmehl (Type 1050)
1½ TL Weinsteinbackpulver
¼ TL Natron, 1 Prise Salz
½ TL Zimtpulver
1 große Prise Nelkenpulver

1 große Prise frisch geriebene
Muskatnuss
3 reife Bananen
(ca. 300 g Fruchtfleisch)
50 g weiche Datteln
(z. B. Medjool; ohne Stein)
60 g Walnusskerne
100 ml Öl (z. B. Sonnenblumen-,
Raps- oder Kokosöl)
175 g Buttermilch

2 Eier (Größe M)
2 EL Ahorn- oder Dattelsirup
Mark von ½ Vanilleschote
Fett und Mehl für die Form

ZUBEREITUNG: ca. 25 Min.
BACKEN: ca. 55 Min.

---

1 Den Backofen auf 190 °C (Umluft 170 °C) vorheizen. Die Form einfetten und mit Mehl ausstäuben. Beide Mehlsorten mit Backpulver, Natron, Salz, Zimt, Nelken und Muskatnuss mischen. Die Bananen schälen und in Stücke schneiden. Die Datteln ebenfalls in Stücke schneiden und mit den Bananen im Mixer oder mit dem Stabmixer fein pürieren. Die Walnüsse grob hacken.

2 Das Öl mit Buttermilch, Eiern, Sirup und Vanille in einer Rührschüssel mit den Quirlen des Handrührgeräts gut verquirlen. Zunächst die Hälfte der Mehlmischung dazugeben und alles nur so lange verrühren, bis sich die Zutaten zu einem glatten Teig verbunden haben. Dann die restliche Mehlmischung ebenso unterrühren. Die Nüsse unterheben.

3 Den Teig in die Form füllen und im Ofen (Mitte) etwa 55 Minuten goldbraun backen (Stäbchenprobe machen!). Sollte das Bananenbrot gegen Ende der Backzeit zu stark bräunen, eventuell mit Alufolie abdecken.

4 Das Bananenbrot aus dem Ofen nehmen. In der Form auf einem Kuchengitter etwa 20 Minuten abkühlen lassen, dann vorsichtig aus der Form lösen und auf einer Kuchenplatte vollständig abkühlen lassen.

TIPP

Statt Walnusskerne können Sie auch andere Nüsse oder in kleine Stücke gehackte Zartbitterschokolade (oder Schokotropfen) unter den Teig heben.

ZITRONENSCHNITTEN
MIT KOKOS

Ein saftiger Kokosboden mit erfrischender Creme und knuspriger Krokantdecke: Diese Kombination ist einfach unschlagbar. Getoppt wird das Ganze von Kokosmehl – sieht aus wie Puderzucker, liefert statt Süße aber Ballaststoffe.

FÜR 1 SPRINGFORM
(24 × 24 CM)

FÜR DEN TEIG:
75 g Butter
3 EL Ahornsirup
200 g Kokosraspel
100 g Mandelmehl
1 Prise Salz, 2 Eiweiß (Größe M)

FÜR DIE ZITRONENCREME:
3 Eier (Größe M)
2 Eigelb (Größe M)
6 EL Ahornsirup
80 ml Zitronensaft
1 EL fein abgeriebene
Bio-Zitronenschale
35 g Mandelmehl

FÜR DEN MANDELKROKANT:
2 Eiweiß (Größe M)
3 EL flüssiger Honig
100 g gehobelte Mandeln

ZUBEREITUNG: ca. 30 Min.
BACKEN: ca. 35 Min.

---

1 Für den Teig den Backofen auf 175 °C (Umluft 160 °C) vorheizen. Die Form am Boden mit Backpapier auslegen. Die Butter zerlassen.

2 Butter, Ahornsirup, Kokosraspel, Mandelmehl und Salz in einer Schüssel gut verrühren. Die Eiweiße hinzufügen und gut unterrühren, bis eine klebrige Masse entstanden ist. Die Masse in die Form geben und zu einem festen Boden andrücken. Im Ofen (Mitte) etwa 10 Minuten backen.

3 Inzwischen für die Creme die Eier und Eigelbe in einer Rührschüssel mit den Quirlen des Handrührgeräts auf höchster Stufe etwa 5 Minuten hell-cremig aufschlagen. Nach und nach Ahornsirup, Zitronensaft und -schale sowie Mandelmehl unterrühren und alles etwa 2 Minuten weiterschlagen. Die Masse auf den vorgebackenen Boden geben und den Kuchen im Ofen 15 Minuten weiterbacken.

4 Inzwischen für den Mandelkrokant die Eiweiße mit den Quirlen des Handrührgeräts leicht aufschlagen. Den Honig unter weiterem Schlagen einlaufen lassen und alles zu einem cremigen Eischnee schlagen. Die gehobelten Mandeln unterheben. Die Masse auf dem Kuchen verteilen und diesen etwa 10 Minuten fertig backen, bis die Oberfläche goldbraun ist.

5 Den Kuchen aus dem Ofen nehmen und in der Form abkühlen lassen. Zum Servieren in etwa 16 Schnitten (à etwa 12 × 3 cm) schneiden und nach Belieben dünn mit Kokosmehl bestäuben.

FROZEN CHEESECAKE
MIT
HEIDELBEEREN

Diese cremigen Schnitten kommen frisch aus dem Gefrierfach und sind der beste Beweis, dass roh und vegan richtig lecker ist. Ein großes Plus: Der Cheesecake lässt sich prima bis zu zwei Monate im Voraus zubereiten!

FÜR 1 SPRINGFORM
(24 × 24 CM)

300 g Cashewkerne
225 g weiche Datteln
(z. B. Medjool; ohne Stein)
125 g Pekannusskerne

25 g Kokosraspel
120 g feste Kokosnusscreme
(im Block)
2 EL Reissirup (Bioladen)
Mark von 1 Vanilleschote
Saft von ½ Zitrone
200 g Waldheidelbeeren

etwas Öl für die Form

ZUBEREITUNG: ca. 30 Min.
EINWEICHEN: mind. 4 Std.
GEFRIEREN: mind. 1¾ Std.

---

1 Die Cashewkerne in einer Schüssel mit Wasser bedecken und mindestens 4 Stunden – am besten über Nacht – einweichen.

2 Die Form am Boden leicht einölen. Für den Nuss-Dattel-Boden 150 g Datteln grob würfeln, die Pekannüsse grob hacken. Beides mit den Kokosraspeln im Mixer zu einer klebrigen Masse verarbeiten. Die Masse gleichmäßig in der Form verteilen und mit einem Esslöffel andrücken. Die Form in das Tiefkühlfach stellen.

3 Für die Cheesecake-Schicht die Cashewkerne in ein Sieb abgießen und abtropfen lassen. Die Hälfte der Cashewkerne mit Kokosnusscreme, Reissirup, Vanillemark und Zitronensaft im Mixer cremig pürieren. Die Form aus dem Tiefkühlfach nehmen und die Creme auf dem Nuss-Dattel-Boden glatt verstreichen. Die Form nochmals 45 Minuten in das Tiefkühlfach stellen.

4 Inzwischen für die Beerenschicht die Waldheidelbeeren verlesen, waschen und gut trocken tupfen. Die restlichen Datteln grob würfeln und mit 150 g Heidelbeeren sowie den übrigen Cashewkernen im Mixer cremig pürieren.

5 Die Springform aus dem Tiefkühlfach nehmen. Die Heidelbeermasse gleichmäßig auf der Cheesecake-Schicht verteilen und mit den restlichen Heidelbeeren bestreuen. Den Kuchen mindestens 1 Stunde im Tiefkühlfach gefrieren lassen, bis die Masse fest ist.

TIPP

Statt Heidelbeeren können Sie auch Him- oder Erdbeeren für den Kuchen verwenden. Die Beeren dann allerdings erst ohne Datteln und Cashewkerne pürieren und durch ein feines Sieb streichen, um die Kerne zu entfernen.

10 MINUTEN VOR DEM SERVIEREN AUS DEM EIS NEHMEN

ERDBEERTORTE
MIT
MANGOCREME

Dieses Prachtexemplar beweist: Stattliche Torten mit feiner
Creme können auch luftig-leicht daherkommen!

**FÜR 1 SPRINGFORM
(26 CM DURCHMESSER)**

FÜR DEN BISKUIT:
50 g Dinkelmehl (Type 630)
30 g Speisestärke
1 TL Backpulver
4 Eier (Größe M), 1 Prise Salz
60 g Kokosblütenzucker

Mark von ½ Vanilleschote
50 g zerlassene Butter

FÜR DIE FÜLLUNG:
50 g getrocknete Mango
8 Blatt weiße Gelatine
2 mittelgroße, reife Mangos
2 EL Zitronensaft
2 EL Reissirup

1 TL fein abgeriebene
Bio-Zitronenschale
300 g Naturjoghurt (3,5 % Fett)
400 g Sahne, 500 g Erdbeeren

ZUBEREITUNG: ca. 50 Min.
BACKEN: ca. 25 Min.
EINWEICHEN: 1 Std.
KÜHLEN: mind. 12 Std.

---

1 Für den Biskuit den Backofen auf 180 °C (Umluft 160 °C) vorheizen. Form am Boden mit Backpapier auslegen. Mehl, Stärke und Backpulver mischen. Eier trennen. Eiweiße mit Salz steif schlagen, dabei die Hälfte des Zuckers einrieseln lassen. Eigelbe mit restlichem Zucker und Vanille sehr cremig rühren. Butter unter Rühren dazugeben. Eischnee, dann die Mehlmischung unterheben. Die Masse in die Form füllen. Im Ofen (2. Schiene von unten) etwa 25 Minuten goldgelb backen. Auf einem Kuchengitter abkühlen lassen.

2 Für die Füllung die getrocknete Mango mit heißem Wasser übergießen und 1 Stunde einweichen. Gelatine 10 Minuten in kaltem Wasser einweichen. Frische Mangos schälen, Fruchtfleisch vom Stein schneiden und etwa ein Viertel davon abgedeckt im Kühlschrank beiseitestellen, Rest grob würfeln. Eingeweichte Mango abgießen, dabei 2 EL Flüssigkeit in einem kleinen Topf auffangen. Getrocknete Mango mit Mangowürfeln und Zitronensaft pürieren. Sirup, Zitronen-

schale und Joghurt unterrühren. Aufgefangenes Einweichwasser erwärmen. Gelatine ausdrücken, darin auflösen und zügig unter die Creme rühren. Creme kühl stellen, bis sie zu gelieren beginnt. 300 g Sahne steif schlagen und unterheben. Erdbeeren waschen, putzen, trocken tupfen. 12 kleine Beeren beiseitelegen, den Rest halbieren.

3 Papier vom Biskuit abziehen. Biskuit quer halbieren, die Unterhälfte auf einer Tortenplatte mit einem Tortenring umlegen. Ein Viertel der Creme darauf glatt streichen. Halbierte Beeren darauflegen, mit einem Viertel der Creme bestreichen. Zweiten Boden darauflegen, mit der Hälfte der übrigen Creme bestreichen. Torte und übrige Creme zugedeckt etwa 12 Stunden kühl stellen.

4 Restliche Sahne steif schlagen und unter die übrige Creme rühren. Torte aus dem Ring lösen und mit der Creme bestreichen. Übrige Mango in Spalten schneiden, sonnenförmig auf die Torte legen. Rand mit den übrigen Erdbeeren dekorieren.

MANDEL-BISKUITROLLE
MIT
NEKTARINEN

Alle sind völlig von der Rolle, wenn lockerer Biskuit mit
einer erfrischenden Buttermilch-Joghurt-Füllung und
süßen Nektarinen auf dem Kaffeetisch steht. Ein wunderbar
leichtes Sommer-Naschvergnügen!

FÜR 1 BACKBLECH

FÜR DEN BISKUIT:
5 Eier (Größe M)
1 Prise Salz
75 g Kokosblütenzucker
75 g Weizenvollkornmehl
25 g Mandelmehl

2 EL Carobpulver
1 TL Weinsteinbackpulver

FÜR DIE FÜLLUNG:
3 Nektarinen (ca. 500 g)
5 Blatt weiße Gelatine
200 g Buttermilch
100 g griechischer Joghurt

2 EL flüssiger Honig
fein abgeriebene Schale
von ½ Bio-Zitrone
250 g Sahne

ZUBEREITUNG: ca. 40 Min.
BACKEN: 8–10 Min.
KÜHLEN: ca. 2 Std.

---

1 Für den Biskuit den Backofen auf 200 °C
(Umluft 180 °C) vorheizen. Das Backblech mit
Backpapier auslegen. Die Eier trennen. Die Ei-
weiße mit dem Salz zu steifem Schnee schlagen,
dabei am Ende den Zucker einrieseln lassen. Die
Eigelbe einzeln unterrühren. Mehl, Mandelmehl,
Carob- und Backpulver mischen, über die Eimasse
sieben und vorsichtig unterheben. Die Masse auf
dem Backpapier glatt streichen. Im Ofen (Mitte)
8 bis 10 Minuten backen. Sofort auf ein feuchtes
Küchentuch stürzen und das Papier abziehen.
Mitsamt dem Tuch aufrollen und abkühlen lassen.

2 Für die Füllung die Nektarinen waschen,
halbieren und entsteinen. 1 Nektarine grob
würfeln, 1 Nektarine vierteln und ein Viertel
davon für die Deko beiseitelegen. Die restlichen
Nektarinen in feine Würfel schneiden. Die Gelatine 10 Minuten in kaltem Wasser einweichen,
ausdrücken und bei schwacher Hitze in einem

kleinen Topf auflösen. Etwa 50 g Buttermilch
unterrühren, dann diese Masse unter die übrige
Buttermilch rühren. Die Flüssigkeit 10 bis 15 Minuten kühl stellen, bis sie zu gelieren beginnt.
Inzwischen die grob gewürfelte Nektarine und
den Joghurt mit dem Stabmixer fein pürieren. Honig und Zitronenschale unterrühren. 200 g Sahne
steif schlagen. Sobald die Buttermilch zu gelieren
beginnt, nacheinander Joghurtmasse, klein gewürfelte Nektarinen und Sahne unterheben.

3 Biskuit entrollen und mit Füllung bestreichen,
dabei an der oberen Längsseite etwa 2 cm
Rand lassen. Die Masse kurz anziehen lassen,
dann die Platte von der unteren Längsseite beginnend aufrollen. Die Rolle etwa 2 Stunden kühl
stellen. Die restliche Sahne steif schlagen und
als Tuffs auf die Rolle spritzen. Das beiseitege-
legte Nektarinenviertel in hauchdünne Scheiben
schneiden und die Sahnetuffs damit dekorieren.

ERDBEERBODEN
MIT
AVOCADOCREME

Alle freuen sich auf den Sommer, dann gibt es endlich
wieder Erdbeerkuchen. Aber immer nur das Klassikerrezept
backen? Wer Abwechslung liebt, sollte unbedingt diese
Variante mit limettenfrischer Avocadocreme probieren!

**FÜR 1 OBSTBODENFORM
(26 – 28 CM DURCHMESSER)**

FÜR DEN BISKUIT:
3 Eier (Größe M)
1 Prise Salz
75 g Kokosblütenzucker
Mark von ½ Vanilleschote
75 g Dinkelmehl (Type 630)
25 g Kokosmehl (Bioladen)

1 TL Backpulver
Fett und Vollkornpaniermehl
für die Form

FÜR DEN BELAG:
500 g Erdbeeren
1 reife Avocado
1 Dose Kokosnusscreme (165 g)
Saft und fein abgeriebene Schale von ½ Bio-Limette

2 EL Kokosblütenzucker
20 g Kokosraspel
2 EL Kokosmehl (Bioladen)

ZUBEREITUNG: ca. 40 Min.
BACKEN: ca. 20 Min.

---

1 Für den Biskuit den Backofen auf 175 °C (Umluft 160 °C) vorheizen. Die Form einfetten und mit Paniermehl ausstreuen. Die Eier trennen.

2 Die Eiweiße mit dem Salz zu steifem Schnee schlagen, dabei am Ende den Kokosblütenzucker einrieseln lassen. Die Eigelbe einzeln unterschlagen, zum Schluss das Vanillemark unterrühren. Dinkelmehl, Kokosmehl und Backpulver mischen. Die Mehlmischung auf die Eimasse sieben und mit einem Teigschaber vorsichtig unterheben.

3 Die Masse in die Form füllen und im Ofen (Mitte) etwa 20 Minuten backen. Aus dem Ofen nehmen und in der Form auf einem Kuchengitter abkühlen lassen. Dann den Biskuitboden aus der Form lösen und auf eine Kuchenplatte setzen.

4 Kurz vor dem Servieren für den Belag die Erdbeeren waschen, putzen, gut abtropfen lassen und längs halbieren. Die Avocado halbieren und den Stein entfernen. Das Avocadofruchtfleisch mit einem Löffel aus der Schale herauslösen.

5 Das Avocadofruchtfleisch mit der Kokosnusscreme sowie Limettensaft und -schale in einen hohen Rührbecher geben und mit dem Stabmixer fein pürieren. Kokosblütenzucker, Kokosraspel und Kokosmehl dazugeben und alles nochmals kurz durchmixen.

6 Die Creme gleichmäßig auf dem Biskuitboden verteilen und glatt streichen. Die Erdbeeren dicht an dicht mit den Schnittflächen nach unten darauflegen. Den Erdbeerboden bis zum Servieren abgedeckt kühl stellen.

RHABARBERKUCHEN
MIT
KOKOSBAISER

Hier wird keine Zeit mit Warten verschwendet, denn dieser fruchtige Kuchen wird Schicht für Schicht zubereitet und gebacken. Während eine Schicht im Ofen ist, bereiten Sie ganz bequem die nächste vor.

FÜR 1 SPRINGFORM
(26 CM DURCHMESSER)

FÜR DEN HAFERBODEN:
100 g Kokosöl (Bioladen)
200 g zarte Haferflocken
50 g Kokosraspel, 1 Eiweiß
75 g flüssiger Honig

FÜR DIE FÜLLUNG:
400 g Rhabarber
Saft von 1 Orange
75 g flüssiger Honig

FÜR DAS BAISER:
3 Eiweiß (Größe M)
1 Prise Salz

2 EL flüssiger Honig
50 g Kokosraspel
2 TL Kokoschips zum
Bestreuen

ZUBEREITUNG: ca. 35 Min.
BACKEN: ca. 45 Min.

1 Den Backofen auf 180 °C (Umluft 160 °C) vorheizen. Das Kokosöl in einem Topf bei schwacher Hitze zerlassen. Für den Haferboden Haferflocken, Kokosraspel, Eiweiß, Honig und Kokosöl mischen. Die Hafermasse in der Form verteilen und mit den Händen zu einem gleichmäßigen Boden andrücken. Den Haferboden im Ofen (Mitte) etwa 20 Minuten backen.

2 Inzwischen für die Füllung den Rhabarber waschen, putzen und in etwa 3 cm lange Stücke schneiden. Die Rhabarberstücke mit dem Orangensaft und dem Honig in einem Topf zugedeckt bei mittlerer Hitze 5 bis 10 Minuten weich dünsten, dabei öfter umrühren. Den Rhabarber mit einem Schaumlöffel aus dem Topf heben, gut abtropfen lassen und auf dem vorgebackenen Haferboden verteilen. Den Kuchen etwa 15 Minuten weiterbacken.

3 Inzwischen für das Baiser die Eiweiße mit dem Salz zu sehr steifem Schnee schlagen, dabei am Ende den Honig einfließen lassen und unterschlagen. Die Kokosraspel dazugeben und vorsichtig unterheben. Die Masse wolkenartig auf dem Rhabarberbelag verteilen. Den Kuchen etwa 10 Minuten goldgelb fertig backen.

4 Den Rhabarberkuchen aus dem Ofen nehmen und in der Form auf einem Kuchengitter abkühlen lassen. Dann aus der Form lösen und mit den Kokoschips bestreut servieren.

TIPP

Im Handel gibt es mittlerweile auch glutenfreie Haferflocken zu kaufen, die – nach Absprache mit dem Arzt – meist auch bei einer Glutenintoleranz gegessen werden dürfen.

HIER KOMMT
RHABARBER UNTER
DIE HAUBE!

BIRNENTARTE
MIT NÜSSEN

**FÜR 1 TARTEFORM
(24 CM DURCHMESSER)**

40 g Butter
2 feste Birnen (siehe Tipp)
120 g Weizenvollkornmehl

40 g gemahlene Haselnüsse
1½ TL Weinsteinbackpulver
½ TL Ingwerpulver
50 ml Ahornsirup
1 Ei (Größe M)
100 g Buttermilch

100 ml Apfelsaft
1 EL Vollrohrzucker
Fett und Mehl für die Form

ZUBEREITUNG: ca. 25 Min.
BACKEN: 35–40 Min.

1 Den Backofen auf 190 °C (Umluft 170 °C) vorheizen. Die Form (am besten mit herausnehmbarem Boden) einfetten und mit Mehl ausstäuben. Die Butter in einem Topf bei mittlerer Hitze zerlassen und etwas abkühlen lassen. Die Birnen schälen, vierteln, entkernen und längs in dünne Spalten schneiden.

2 Für den Teig das Mehl mit den Nüssen, dem Backpulver und dem Ingwer mischen. Den Ahornsirup mit dem Ei, der Buttermilch und dem Apfelsaft in einer Rührschüssel gründlich mit dem Schneebesen verquirlen. Erst die Butter, dann die Mehlmischung unterrühren.

3 Den Teig in die Form füllen und glatt streichen. Die Birnenspalten kreisförmig dicht an dicht darauf verteilen und mit dem Vollrohrzucker bestreuen. Im Ofen (Mitte) 35 bis 40 Minuten goldbraun backen.

4 Die Tarte aus dem Ofen nehmen und in der Form auf einem Kuchengitter abkühlen lassen. Dazu passt geschlagene Sahne.

TIPP

Zum Backen eignen sich zum Beispiel die Birnensorten Williams Christ und Abate sehr gut.

APFEL-FLAMMKUCHEN
MIT
GRANATAPFELKERNEN

FÜR CA. 10 STÜCKE

FÜR DEN TEIG:
50 g Weizenvollkornmehl
100 g Weizenmehl (Type 1050)
1 Prise Salz, 10 g frische Hefe
1 TL Honig, 1 EL neutrales Öl

FÜR DEN BELAG:
2 Äpfel, 1–2 EL Zitronensaft
150 g Crème fraîche
3 EL Apfelsaft, 1 EL Honig
Mark von 1 Vanilleschote
1 TL gehackte Pistazienkerne
1 TL geschälte Hanfsamen

1–2 EL Granatapfelkerne
etwas Honig zum Beträufeln

ZUBEREITUNG: ca. 35 Min.
BACKEN: 10–12 Min.
RUHEN: ca. 30 Min.

1 Für den Teig beide Mehlsorten mit dem Salz mischen. Hefe mit Honig flüssig rühren, mit dem Öl und 75 bis 80 ml lauwarmem Wasser zur Mehlmischung geben. Zuerst mit den Knethaken des Handrührgeräts, dann mit den Händen 5 bis 10 Minuten glatt verkneten. Teig zugedeckt an einem warmen Ort etwa 30 Minuten gehen lassen.

2 Inzwischen für den Belag Äpfel schälen und Kerngehäuse ausstechen. Äpfel in sehr dünne Scheiben schneiden und mit Zitronensaft beträufeln. Crème fraîche, Apfelsaft, Honig und Vanille verrühren. Ein Backblech in den Backofen schieben, Ofen auf 225 °C (Umluft 200 °C) vorheizen.

3 Teig auf Backpapier etwa 35 × 25 cm groß ausrollen. Mitsamt dem Papier auf das heiße Blech ziehen, mit Crème-fraîche-Masse bestreichen und mit Äpfeln belegen. Im Ofen (Mitte) 10 bis 12 Minuten backen. Pistazien mit Hanf mischen und mit Granatapfelkernen auf den Kuchen streuen. Mit Honig beträufelt sofort servieren.

APPLE-PIE
MIT
MANDELN

Dieser Apple-Pie passt einfach immer – und der glutenfreie
Teig knuspert sogar noch ein bisschen mehr als bei der
klassischen Variante. Am allerbesten schmeckt der Kuchen
übrigens, wenn er ofenfrisch auf den Tisch kommt!

**FÜR 1 TARTEFORM
(22 CM DURCHMESSER)**

FÜR DEN TEIG:
150 g Vollkornreismehl
50 g Maismehl
90 g Maisstärke
1 EL Johannisbrotkernmehl
(Bioladen oder Reformhaus)

1 TL Weinsteinbackpulver
2 EL Kokosblütenzucker
1 Prise Salz
1 Ei (Größe M)
170 g Butter (in Stückchen)

FÜR DIE FÜLLUNG:
4–5 leicht säuerliche Äpfel
(ca. 900 g; z. B. Elstar)

2 EL Zitronensaft
3 EL Maismehl
5 EL gemahlene Mandeln
85 ml Ahornsirup
1 TL Zimtpulver

ZUBEREITUNG: ca. 40 Min.
RUHEN: mind. 1 Std.
BACKEN: ca. 45 Min.

---

1 Für den Teig Reismehl, Maismehl, Maisstärke, Johannisbrotkernmehl, Backpulver, Zucker und Salz mischen. Ei und Butter dazugeben und alles rasch zu einem glatten Teig verkneten, dabei nach und nach 30 ml kaltes Wasser unterkneten. Zwei Drittel des Teigs zu einer Kugel formen, in Frischhaltefolie wickeln und etwas flach drücken. Den restlichen Teig ebenso einwickeln. Beide Teigstücke mindestens 1 Stunde kühl stellen.

2 Den Backofen auf 200 °C (Umluft 180 °C) vorheizen. Für die Füllung die Äpfel schälen, vierteln und die Kerngehäuse entfernen. Die Viertel quer in dünne Scheiben schneiden, mit dem Zitronensaft mischen und beiseitestellen. Die größere Teigportion zwischen zwei Lagen Backpapier rund (etwa 24 cm Durchmesser) ausrollen. Oberes Papier abziehen und die Form (am besten mit herausnehmbarem Boden) mit dem Teig aus-

legen, sodass die zweite Papierlage oben liegt. Teig am Rand andrücken, oberes Papier abziehen.

3 Für die Füllung Maismehl, 3 EL gemahlene Mandeln, 75 ml Ahornsirup und Zimt unter die Äpfel mischen. Den Teigboden mit den restlichen gemahlenen Mandeln bestreuen und die Äpfel einfüllen. Die noch übrige Teigportion zwischen zwei Lagen Backpapier rund (etwa 24 cm Durchmesser) ausrollen. Die Äpfel damit bedecken, dabei die Teigränder leicht zusammendrücken.

4 Den Teigdeckel in der Mitte viermal mit einem Messer einritzen, damit während des Backens der Dampf entweichen kann, und mit dem restlichen Ahornsirup bestreichen. Den Kuchen im Ofen (Mitte) etwa 45 Minuten backen. Sollte er gegen Ende der Backzeit zu stark bräunen, eventuell mit Alufolie abdecken.

PULL-APART-BREAD
MIT
WALDBEEREN

Das fluffige Hefebrot schmeckt zum Frühstück oder
zum Nachmittagstee und ist wegen seiner Ziehharmonika-
form ein echter Hingucker. Statt Milch steckt Apfelsaft
im Teig und verleiht ihm eine fruchtige Süße.

FÜR 1 KASTENFORM
(30 CM LÄNGE, 1¾ L INHALT)

300 g Dinkelmehl (Type 630)
200 g Dinkelvollkornmehl
1 TL fein abgeriebene Bio-
Zitronenschale

1 große Prise Salz
70 g Butter, 150 ml Apfelsaft
½ Würfel Hefe (21 g)
2 Eier (Größe M)
200 g Waldbeeren-Fruchtauf-
strich (75 % Fruchtanteil, mit
Honig oder Agavendicksaft

gesüßt; Bioladen)
50 g gehackte Mandeln
Fett für die Form

ZUBEREITUNG: ca. 30 Min.
RUHEN: ca. 1½ Std.
BACKEN: 35–40 Min.

1 Beide Mehlsorten mit Zitronenschale und Salz in einer großen Schüssel mischen. 50 g Butter in einem Topf bei mittlerer Hitze zerlassen und etwas abkühlen lassen. Den Apfelsaft lauwarm erhitzen, die Hefe hineinbröckeln und unter Rühren auflösen. Die zerlassene Butter mit der Hefemischung und den Eiern zur Mehlmischung geben. Alles erst mit den Knethaken des Handrührgeräts, dann mit den Händen 5 bis 10 Minuten zu einem glatten, elastischen Teig verkneten. Den Teig mit etwas Mehl bestäuben, mit einem sauberen Küchentuch zudecken und an einem warmen Ort etwa 1 Stunde gehen lassen, bis sich sein Volumen nahezu verdoppelt hat.

2 Die Form einfetten. Den Teig nochmals kurz durchkneten, dann auf einer leicht bemehlten Arbeitsfläche zu einem Quadrat von etwa 50 × 50 cm ausrollen. Die Teigplatte dünn und gleichmäßig mit dem Fruchtaufstrich bestreichen und mit den gehackten Mandeln bestreuen. Dann die Teigplatte zunächst quer und anschließend längs in jeweils 6 etwa 8 cm breite Streifen schneiden, sodass insgesamt 36 Quadrate entstehen. Die Kastenform schräg stellen und die Teigquadrate nacheinander hineinstapeln. Die Form vorsichtig gerade stellen und die Teigquadrate dabei eventuell noch etwas auseinanderziehen und arrangieren. Zugedeckt an einem warmen Ort etwa 30 Minuten gehen lassen.

3 Den Backofen auf 175 °C (Umluft 160 °C) vorheizen. Die restliche Butter in einem Topf bei mittlerer Hitze zerlassen und den Kuchen damit bestreichen. Den Kuchen im Ofen (2. Schiene von unten) 20 Minuten backen, mit Alufolie abdecken und weitere 15 bis 20 Minuten goldbraun fertig backen. Aus dem Ofen nehmen. Das Pull-apart-Bread etwa 30 Minuten in der Form auf einem Kuchengitter abkühlen lassen, dann vorsichtig aus der Form stürzen und vollständig abkühlen lassen.

SUPEREINFACH, ABER SUPER-SPEKTAKULÄR

KÄSEKUCHEN
MIT
BANANEN

Die Bananen geben der Käsemasse auf dem Keksboden
nicht nur ein tolles Aroma, sondern auch eine
natürliche Süße. Dadurch kommt der Kuchen mit nur halb
so viel Süßungsmittel aus wie ein klassisches Rezept.

FÜR 1 SPRINGFORM
(26 CM DURCHMESSER)

FÜR DEN KEKSBODEN:
70 g Butter, 100 g Dinkelvoll-
kornkekse (mit Agavendicksaft
und Honig gesüßt; Bioladen)
70 g Dinkel Cracker Natur (ohne
Zucker, mit Vollkornschrot)
1 gehäufter EL Kakaopulver
Fett für die Form

FÜR DIE KÄSEMASSE:
2 reife Bananen
(ca. 200 g Fruchtfleisch)
5 EL Zitronensaft
750 g Magerquark
225 g griechischer Joghurt
(möglichst fest)
5 Eier (Größe L)
Mark von 1 Vanilleschote
3 gestrichene EL Speisestärke
100 g Vollrohrzucker

FÜR DAS TOPPING:
200 g Sahne
1 EL flüssiger Honig
Kakaopulver zum Bestäuben

ZUBEREITUNG: ca. 20 Min.
BACKEN: ca. 45 Min.

---

1 Den Backofen auf 180 °C (Umluft 160 °C) vorheizen. Den Boden der Form einfetten. Für den
Keksboden die Butter in einem Topf bei mittlerer
Hitze zerlassen. Kekse und Cracker in einen großen Gefrierbeutel geben, den Beutel verschließen und die Kekse mithilfe einer Teigrolle fein
zerbröseln. Die Brösel und das Kakaopulver unter
die flüssige Butter rühren. Die Masse gleichmäßig
in der Form verteilen und zu einem flachen Boden andrücken. Den Boden im Ofen (Mitte) etwa
10 Minuten backen. Herausnehmen und in der
Form abkühlen lassen. Die Ofentemperatur auf
240 °C (Umluft 220 °C) erhöhen.

2 Inzwischen für die Käsemasse die Bananen
schälen, klein schneiden und mit Zitronensaft, Quark und Joghurt in einer Schüssel mit

dem Stabmixer fein pürieren. Eier, Vanillemark
und Stärke mit den Quirlen des Handrührgeräts
unterrühren. Die Käsemasse auf den Keksboden
gießen. Den Kuchen im Ofen etwa 10 Minuten
backen, dann die Temperatur auf 110 °C reduzieren und den Kuchen etwa 25 Minuten fertig backen. Den Backofen ausschalten und den Kuchen
im geschlossenen Ofen abkühlen lassen. Bis zum
Servieren zugedeckt in den Kühlschrank stellen.

3 Kurz vor dem Servieren für das Topping die
Sahne steif schlagen, dabei den Honig einlaufen lassen. Die Sahne wolkenartig auf der Oberfläche des Kuchens verteilen. Etwas Kakaopulver
in ein kleines Haarsieb geben und den Kuchen
dünn damit bestäuben.

SCHOKOMOUSSE-CAKE
MIT PFLAUMEN

Kaum zu glauben, aber wahr: Dieser souffléartige Kuchen
wird ganz ohne Mehl und extra Süßungsmittel zubereitet.
Trotzdem ist er so luxuriös und üppig, dass schon ein
kleines Stück für großes Schokoglück sorgt!

**FÜR 1 SPRINGFORM
(18 CM DURCHMESSER)**

250 g Pflaumen
200 ml Orangensaft
125 g Butter

200 g Zartbitterschokolade
(mind. 70 % Kakaoanteil)
6 Eier (Größe M)
1 Prise Salz
Butter für die Form
1–2 TL Kakaopulver

ZUBEREITUNG: ca. 35 Min.
BACKEN: ca. 15 Min.
KÜHLEN: 12 Std.

---

1 Die Pflaumen waschen, halbieren, entsteinen und mit der Hälfte des Orangensafts in einen Topf geben. Alles offen bei mittlerer Hitze unter häufigem Rühren dicklich einköcheln lassen. Die Masse im Mixer oder in einem hohen Rührbecher mit dem Stabmixer fein pürieren.

2 Den Backofen auf 180 °C (Umluft 160 °C) vorheizen. Die Butter mit der Schokolade in kleinen Stücken in einer Metallschüssel im heißen Wasserbad unter Rühren schmelzen. Die Schokoladenmasse unter das Pflaumenpüree mixen. Den restlichen Orangensaft unter weiterem Mixen nach und nach einlaufen lassen. Sobald die Masse cremig aussieht, in eine große Rührschüssel umfüllen.

3 Die Eier trennen. Die Eiweiße mit dem Salz zu steifem Schnee schlagen. Die Eigelbe mit den Quirlen des Handrührgeräts in einer Schüssel etwa 10 Minuten aufschlagen, bis sie hell-cremig sind und sich das Volumen etwa verdoppelt hat. Die aufgeschlagenen Eigelbe in zwei Portionen

unter die Schoko-Pflaumen-Masse heben. Zunächst ein Drittel des Eischnees vorsichtig unterheben, dann den restlichen Eischnee nacheinander in zwei Portionen unterheben. Die Form mit Butter einfetten. Die Masse in die Form füllen und im Ofen (Mitte) etwa 15 Minuten backen, bis sie etwas aufgegangen ist und die Oberfläche glänzt. Die Masse bleibt in der Mitte noch feucht.

4 Den Schokomousse-Cake mit einem Messer vom Rand der Form lösen und in der Form abkühlen lassen. Dann mit Frischhaltefolie abdecken und 12 Stunden kühl stellen, am besten über Nacht. Kurz vor dem Servieren aus der Form lösen und dünn mit Kakaopulver bestäuben.

TIPP

Der Kuchen hält sich einige Tage im Kühlschrank und lässt sich im Ganzen oder in Stücken auch prima einfrieren.

ZITRONENKUCHEN
MIT
ZUCCHINI

In diesem schnell gemachten Dinkel-Honig-Teig sind Zucchiniraspel der heimliche Star. Für den glamourösen Auftritt sorgt eine feine Mascarponecreme, die mit ihrem Zitronenaroma erfrischend leicht daherkommt.

FÜR 1 KASTENFORM
(25 CM LÄNGE, 1¼ L INHALT)

FÜR DEN TEIG:
250 g Zucchini
2 Eier (Größe M)
1 Prise Salz
125 ml Öl (z.B. Sonnenblumen-, Raps- oder Kokosöl)
120 g flüssiger Honig

225 g Dinkelvollkornmehl
2 TL Weinsteinbackpulver
½ TL Natron
50 ml Orangensaft
fein abgeriebene Schale von
je 1 Bio-Zitrone und -Orange
Fett und Mehl für die Form

FÜR DAS TOPPING:
250 g Mascarpone

1 EL flüssiger Honig
2–3 TL Zitronensaft
1–2 TL fein abgeriebene
Bio-Zitronenschale
Orangen- und Zitronenzesten
für die Deko

ZUBEREITUNG: ca. 30 Min.
BACKEN: 30–35 Min.

1 Den Backofen auf 180 °C (Umluft 160 °C) vorheizen. Die Form einfetten und mit Mehl ausstäuben. Die Zucchini putzen, waschen und grob raspeln. Auf ein Küchentuch geben, die Ecken des Tuchs über den Zucchiniraspeln zusammenfassen und so viel Flüssigkeit wie möglich ausdrücken.

2 Die Eier trennen. Die Eiweiße mit dem Salz zu steifem Schnee schlagen. Die Eigelbe mit dem Öl und dem Honig in einer Rührschüssel mit den Quirlen des Handrührgeräts auf höchster Stufe etwa 5 Minuten aufschlagen. Das Mehl mit dem Backpulver und dem Natron mischen und abwechselnd mit dem Orangensaft unter die Eigelbmischung rühren. Zitronen- und Orangenschale unterrühren. Zunächst die Hälfte des Eischnees vorsichtig unter den Teig heben, dann den restlichen Eischnee ebenso unterheben.

3 Den Teig in die Form füllen und im Ofen (Mitte) 30 bis 35 Minuten goldbraun backen. Den Kuchen aus dem Ofen nehmen und etwa 20 Minuten in der Form abkühlen lassen. Dann aus der Form stürzen und auf einem Kuchengitter vollständig abkühlen lassen.

4 Inzwischen für das Topping den Mascarpone mit Honig, Zitronensaft und -schale mit den Quirlen des Handrührgeräts auf höchster Stufe cremig aufschlagen. Das Topping auf dem Kuchen glatt verstreichen. Mit Orangen- und Zitronenzesten dekorieren.

SCHOKOKUCHEN
MIT
ROTER BETE

Wer hätte das gedacht, Gemüse kann auch Kuchen. Dank
Roter Bete wird dieser schnelle Schokoladenkuchen
wunderbar saftig, Ahornsirup ersetzt den raffinierten
Zucker und sorgt für eine feine Note.

**FÜR 1 SPRINGFORM
(18 CM DURCHMESSER)**

FÜR DEN TEIG:
90 g Zartbitterschokolade
(mind. 70 % Kakaoanteil)
225 g gegarte und geschälte
Rote Bete (vakuumverpackt;
ungewürzt und ungesäuert)
3 Eier (Größe L)

5 EL Ahornsirup
3 EL Sonnenblumenöl
90 g gemahlene Haselnüsse
1 TL Zimtpulver
1 gestrichener TL Weinsteinbackpulver
1 Prise Salz
Fett und gemahlene Haselnüsse
für die Form

FÜR FROSTING UND DEKO:
75 g griechischer Joghurt
(möglichst fest)
100 g Doppelrahmfrischkäse
2 EL Ahornsirup
ca. 10 g Zartbitterschokolade
(mind. 70 % Kakaoanteil)

ZUBEREITUNG: ca. 30 Min.
BACKEN: ca. 35 Min.

1 Für den Teig den Backofen auf 180 °C (Umluft
160 °C) vorheizen. Die Form einfetten und
mit Haselnüssen ausstreuen. Die Schokolade in
Stücke brechen, im heißen Wasserbad unter Rühren schmelzen und etwas abkühlen lassen. Die
Rote Bete in einem hohen Rührbecher mit dem
Stabmixer fein pürieren.

2 Rote-Bete-Püree mit Eiern, Ahornsirup und
Öl in einer Schüssel verquirlen. Nüsse, Zimt,
Backpulver und Salz mischen, zur Rote-Bete-Mas-
se geben und nur so lange unterrühren, bis sich
alle Zutaten eben verbunden haben. Die Schokolade kurz unterrühren. Den Teig in die Form füllen
und im Ofen (Mitte) etwa 35 Minuten backen
(Stäbchenprobe machen!). Den Kuchen aus dem
Ofen nehmen und in der Form abkühlen lassen.

3 Inzwischen für das Frosting den Joghurt in einem feinen Sieb gut abtropfen lassen. Mit dem
Frischkäse in eine Schüssel geben und mit dem
Schneebesen glatt verrühren. Den Ahornsirup
unterrühren. Bis zur Verwendung kühl stellen.

4 Den Kuchen aus der Form lösen und das
Frosting wellenartig darauf verteilen. Von der
Schokolade mit einem Sparschäler direkt über
dem Kuchen kleine Späne abziehen.

TIPP

Achten Sie beim Einkauf darauf: Guter Ahornsirup
ist mit „Grad A" oder „Klasse A" ausgezeichnet. Die
Qualität erkennt man auch an der Farbe – je heller
der Ahornsirup, desto hochwertiger ist die Qualität.

WILLKOMMEN IM SIEBTEN SCHOKOHIMMEL

CUPCAKES, COOKIES & Co.

EIN BISSEN GLÜCK ZUM KAFFEE ODER TEE GEFÄLLIG? DANN VERSÜSSEN SIE SICH DEN TAG DOCH MIT SCHOKOMUFFINS, ZIMTSCHNECKEN ODER APFELWAFFELN. EBENFALLS UNWIDERSTEHLICH: GESUNDE KNABBEREIEN UND X-MAS-PLÄTZCHEN.

ELVIS-HÖRNCHEN
MIT
SCHOKO UND BANANE

An den mit Erdnussmus, Banane und Schokolade gefüllten Hörnchen hätte der „King" bestimmt seine Freude gehabt. Dank Quark-Öl-Teig sind sie aber leichter und bekömmlicher als seine legendären Erdnuss-Bananen-Sandwiches!

FÜR 12 STÜCK

FÜR DEN TEIG:
150 g trockener Magerquark
6 EL Öl (z. B. Sonnenblumen-
oder Rapsöl)
3 EL Milch, 1 Ei (Größe M)
2 EL flüssiger Honig
350 g Dinkelmehl (Type 630)

2 gehäufte TL Weinstein-
backpulver, 1 Prise Salz
etwas Dinkelmehl zum Ausrollen
1 Eigelb und 1 EL Milch
(verquirlt) zum Bestreichen

FÜR DIE FÜLLUNG:
1 große reife Banane
(ca. 170 g Fruchtfleisch)

75 g Erdnussmus
¼ TL Zimtpulver
3 EL flüssiger Honig
50 g Zartbitterschokolade
(mind. 70 % Kakaoanteil)

ZUBEREITUNG (INKL. RUHEN):
ca. 40 Min.
BACKEN: ca. 40 Min.

---

1 Für den Teig den Quark mit dem Öl, der Milch, dem Ei und dem Honig in einer Schüssel glatt verrühren. Das Mehl mit dem Backpulver und dem Salz mischen. Die Hälfte der Mehlmischung zur Quarkmischung geben und gut unterrühren. Die restliche Mehlmischung dazugeben und alles mit den Knethaken des Handrührgeräts zu einem glatten, geschmeidigen Teig verkneten. Den Teig zugedeckt etwa 30 Minuten ruhen lassen.

2 Inzwischen für die Füllung die Banane schälen und in grobe Stücke schneiden. Die Bananenstücke mit Erdnussmus, Zimtpulver und Honig in einem hohen Rührbecher mit dem Stabmixer fein pürieren. Die Schokolade in kleine Stücke hacken. Den Backofen auf 200 °C (Umluft 180 °C) vorheizen. Ein Backblech mit Backpapier auslegen. Den Teig halbieren und jede Hälfte zu einer Kugel formen.

3 Eine Teigkugel auf der leicht bemehlten Arbeitsfläche zu einer runden Platte von etwa 40 cm Durchmesser ausrollen und in 6 Tortenstücke schneiden. An den breiten Seiten der Teigstücke je etwa 1 EL Füllung in die Mitte geben, leicht verstreichen und mit einigen Schokoladenstücken bestreuen. Die Teigstücke jeweils von der breiten Seite zur Spitze hin aufrollen. Die Enden leicht zusammendrücken und etwas nach innen biegen, sodass Hörnchen entstehen.

4 Die Hörnchen auf das Backpapier legen und mit der Hälfte der verquirlten Eigelb-Milch bestreichen. Im Ofen (Mitte) 18 bis 20 Minuten goldbraun backen. Inzwischen aus der zweiten Teigkugel, der übrigen Füllung und der restlichen Eigelb-Milch auf dieselbe Weise Hörnchen herstellen und backen. Die fertigen Hörnchen auf einem Kuchengitter abkühlen lassen.

WINDBEUTEL
MIT RICOTTA
UND ERDBEEREN

Nur die himmlisch leckere Füllung aus feiner Creme und frischen Beeren hält diese zarten Luftikusse auf der Tortenplatte. Da heißt es: ganz schnell zugreifen, bevor das leichte Gebäck doch noch abhebt!

FÜR CA. 12 STÜCK

FÜR DEN BRANDTEIG:
125 ml Milch
50 g Butter
1 Prise Salz
200 g Dinkelmehl (Type 630)
1 Msp. Weinsteinbackpulver
4 Eier (Größe M)

ZUM VERZIEREN:
30 g Zartbitterschokolade
(mind. 70 % Kakaoanteil)

FÜR DIE FÜLLUNG:
250 g Ricotta (italienischer Frischkäse)
fein abgeriebene Schale von
1 Bio-Zitrone

2 EL flüssiger Honig
200 g Erdbeeren

ZUBEREITUNG: ca. 50 Min.
BACKEN: ca. 35 Min.

1 Den Backofen auf 225 °C (keine Umluft) vorheizen, dabei eine flache, ofenfeste Form mit Wasser auf den Ofenboden stellen. Zwei Backbleche mit Backpapier auslegen.

2 Für den Teig die Milch mit 150 ml Wasser, der Butter in Stückchen und dem Salz in einem Topf aufkochen. Mehl und Backpulver mischen und auf einmal zur Milchmischung geben. Die Masse mit einem Holzkochlöffel so lange rühren, bis sich der Teigkloß vom Topf löst und sich am Topfboden ein weißer Belag bildet.

3 Den Teigkloß in eine Rührschüssel umfüllen. Sofort 1 Ei dazugeben und mit den Quirlen des Handrührgeräts unterrühren. Die Masse etwa 10 Minuten abkühlen lassen. Dann die übrigen Eier nacheinander hinzufügen und jeweils sehr gut unterrühren.

4 Den Teig in einen Spritzbeutel mit großer Sterntülle füllen. Etwa 12 Tuffs à etwa 6 cm Durchmesser mit ausreichend Abstand zueinander auf die Bleche spritzen. Im Ofen (Mitte) nacheinander je etwa 18 Minuten backen. Die Windbeutel aus dem Ofen nehmen, sofort mit einer Schere waagerecht aufschneiden und auf einem Kuchengitter abkühlen lassen.

5 Zum Verzieren Schokolade in Stücke brechen und in einer Metallschüssel im heißen Wasserbad unter Rühren schmelzen. Mit einem Teelöffel feine Schokolinien auf die Windbeuteldeckel ziehen. Trocknen lassen. Für die Füllung Ricotta, Zitronenschale und Honig verrühren. Erdbeeren waschen, putzen, trocken tupfen und je nach Größe halbieren oder vierteln. Creme auf die Windbeutel-Unterhälften verteilen, Beeren daraufgeben und Deckel auflegen. Sofort servieren.

ZIMTSCHNECKEN
MIT
DATTELN

Zimtschnecken sind nicht nur im hohen Norden ein
Renner, auch wir lecken uns nach ihnen die Finger.
Der Clou bei diesem Rezept: Süßkartoffelpüree! Es macht
den Teig schön fluffig und sorgt für eine natürliche Süße.

FÜR CA. 12 STÜCK

FÜR DEN TEIG:
1 kleine Süßkartoffel (ca. 125 g)
650 g Dinkelmehl (Type 630)
¾ TL Salz, 60 g weiche Butter
2 EL Ahornsirup, 1 Ei (Größe M)
125 g zimmerwarme
Buttermilch

100 ml zimmerwarme Milch
½ Würfel Hefe (21 g)
Mehl zum Arbeiten

FÜR DIE FÜLLUNG:
100 g weiche Datteln
(z. B. Medjool; ohne Stein)
30 g Butter, 1 EL Ahornsirup
1 EL Zimtpulver

FÜR DIE GLASUR:
20 g Butter
4 EL Ahornsirup
1 EL Zitronensaft

ZUBEREITUNG: ca. 40 Min.
RUHEN: ca. 1½ Std.
BACKEN: 15–18 Min.

1 Für den Teig die Süßkartoffel schälen, waschen, grob würfeln und in kochendem Wasser etwa 20 Minuten weich garen. Mehl und Salz in einer Schüssel mischen. Die Kartoffelwürfel abgießen und mit der Butter noch warm mit einer Gabel zerdrücken. Ahornsirup, Ei, Buttermilch und Milch unterrühren. Die Hefe hineinbröckeln und darin auflösen. Die Mischung zum Mehl geben. Alles erst mit den Knethaken des Handrührgeräts, dann mit den Händen 5 bis 10 Minuten zu einem glatten Teig verkneten. Den Teig zugedeckt an einem warmen Ort etwa 1 Stunde gehen lassen, bis sich sein Volumen fast verdoppelt hat.

2 Inzwischen zwei Backbleche mit Backpapier auslegen. Für die Füllung die Datteln klein schneiden. Mit Butter, Ahornsirup, 2 EL Wasser und Zimt in einen hohen Rührbecher geben und mit dem Stabmixer fein pürieren.

3 Den Teig auf der leicht bemehlten Arbeitsfläche nochmals kurz durchkneten. Zu einem etwa 36 × 32 cm großen Rechteck ausrollen und mit der Füllung bestreichen. Die Teigplatte von einer Längsseite beginnend fest aufrollen und in ca. 12 etwa 3 cm dicke Scheiben schneiden. Die Scheiben mit ausreichend Abstand zueinander flach auf die Bleche legen und mit der Hand noch etwas flacher drücken. Zugedeckt etwa 30 Minuten gehen lassen. Inzwischen den Backofen auf 170 °C Umluft vorheizen.

4 Schnecken im Ofen (unten und Mitte) 15 bis 18 Minuten backen. Sollten sie zu stark bräunen, eventuell mit Alufolie abdecken. Für die Glasur Butter, Sirup und Zitronensaft in einem Topf unter Rühren erhitzen, bis sich alles glatt verbunden hat. Die warmen Schnecken damit einpinseln. Auf einem Kuchengitter abkühlen lassen.

DIE SCHMECKEN AUCH SCHON ZUM FRÜHSTÜCK

ZITRONENTÖRTCHEN
MIT
MANDELBAISER

Erfrischung gefällig? Ich habe den Törtchen-Klassiker
mit knusprigem Dinkelteig, säuerlicher Creme und süßem
Honigbaiser neu aufgelegt. Das Ergebnis: absolut kult-
verdächtig und immer eine Sünde wert.

FÜR 8 TARTELETTEFÖRMCHEN
(À 10 CM DURCHMESSER)

FÜR DEN TEIG:
200 g Dinkelmehl (Type 630)
2 EL Puderzucker aus Roh-Rohrzucker (Bioladen)
1 Prise Salz, 1 Eigelb (Größe M)
80 g kalte Butter (in Stückchen)
1 EL saure Sahne (30 g)
Hülsenfrüchte zum Blindbacken

FÜR DIE FÜLLUNG:
3 Eigelb (Größe M)
30 g Speisestärke
45 g flüssiger Honig
je 75 ml frisch gepresster
Zitronen- und Orangensaft
225 ml Milch
fein abgeriebene Schale von
1 Bio-Zitrone

FÜR DAS BAISER:
3 Eiweiß (Größe M)
1 Prise Salz
1½ TL Zitronensaft
3 TL flüssiger Honig
2 EL gemahlene Mandeln

ZUBEREITUNG: ca. 1¼ Std.
BACKEN: ca. 30 Min.
RUHEN: 1½ Std.

1 Den Backofen auf 180 °C (Umluft 160 °C)
vorheizen. Für den Teig Mehl, Puderzucker,
Salz, Eigelb, Butter und saure Sahne rasch glatt
verkneten. Ist der Teig zu bröselig, 1 bis 2 EL kaltes Wasser unterkneten. Den Teig in Frischhaltefolie gewickelt 30 Minuten kühl stellen. Dann
zwischen zwei Lagen Frischhaltefolie etwa 3 mm
dünn ausrollen. Mit einer Ausstechform oder
einem Glas 8 Kreise à 12 cm Durchmesser ausstechen und die Förmchen damit auslegen. Mit
Backpapier belegen, mit Hülsenfrüchten auffüllen
und im Ofen (Mitte) 12 Minuten blindbacken.

2 Inzwischen für die Füllung Eigelbe mit Stärke, Honig, Zitronen- und Orangensaft in einer
Metallschüssel verrühren. Milch mit Zitronenschale in einem Topf aufkochen, dann langsam unter
Rühren mit dem Schneebesen in die Eigelbmasse

gießen. Die Masse im heißen Wasserbad mit dem
Schneebesen dick-cremig schlagen. Etwas auf
einen Löffelrücken geben und leicht daraufpusten.
Bilden sich Rosenblättern ähnelnde Wellen, ist
die Creme fertig. Tartelettes aus dem Ofen nehmen, Papier mit Hülsenfrüchten entfernen. Heiße
Creme in die Tartelettes geben, abkühlen lassen.

3 Für das Baiser den Ofen auf 160 °C (keine
Umluft) vorheizen. Eiweiße mit Salz und Zitronensaft zu steifem Schnee schlagen, dabei gegen
Ende den Honig einlaufen lassen. Die Mandeln
unterheben. Die Masse mit einem Spritzbeutel
mit großer Lochtülle auf die Tartelettes spritzen.
Im Ofen (Mitte) 20 Minuten backen, dann im
ausgeschalteten Backofen bei leicht geöffneter
Ofentür 1 Stunde abkühlen lassen. Herausnehmen
und vollständig abkühlen lassen.

SAUER MACHT
LUSTIG, SÜSS-SAUER
NOCH LUSTIGER

SCHOKOMUFFINS
MIT
KIRSCHEN

Kirschen und Schokolade sind ein echtes Dreamteam.
Hier versinken sie in einem saftigen Teig aus Mandel-,
Buchweizen- und Kokosmehl. Jede Wette: Diese Muffins
sind genauso schnell verputzt, wie sie gebacken sind!

**FÜR 1 MUFFINFORM
(12 MULDEN)**

FÜR DIE MUFFINS:
200 g entsteinte Kirschen
(frisch oder tiefgekühlt)
75 g Zartbitterschokolade
(mind. 70 % Kakaoanteil)
60 g Mandelmehl
60 g Kokosmehl (Bioladen)

60 g Buchweizenmehl
3 EL Kakaopulver
1 TL Backpulver, ½ TL Natron
5 EL Kokosblütenzucker
1 Prise Salz
1 reife Banane
(ca. 100 g Fruchtfleisch)
2 Eier (Größe M)
80 ml Öl (z. B. Raps- oder
Sonnenblumenöl)

¼ l Milch
Mark von 1 Vanilleschote

FÜR DIE DEKO:
ca. 12 EL geschlagene Sahne
12 Kirschen mit Stiel
geraspelte Zartbitterschokolade

ZUBEREITUNG: ca. 25 Min.
BACKEN: 25–30 Min.

1 Den Backofen auf 180 °C (Umluft 160 °C)
vorheizen. In die Mulden der Form je ein
Papierbackförmchen setzen. Frische Kirschen gut
abtropfen lassen. Die Schokolade klein hacken.

2 Mandel-, Kokos- und Buchweizenmehl mit Kakaopulver, Backpulver, Natron, Zucker und Salz
in einer Schüssel mischen. Die Banane schälen
und in grobe Stücke schneiden. Mit Eiern, Öl,
Milch und Vanillemark in einem hohen Rührbecher mit dem Stabmixer fein pürieren.

3 Die Bananenmischung zur Mehlmischung
geben und mit dem Schneebesen nur so lange
unterrühren, bis sich alle Zutaten gerade eben
verbunden haben. Die Kirschen (tiefgekühlte
Kirschen müssen nicht aufgetaut werden) und
die Schokolade unterheben.

4 Den Teig gleichmäßig in die Papierbackförmchen verteilen. Die Muffins im Ofen (Mitte)
25 bis 30 Minuten backen. Aus dem Ofen nehmen
und etwa 5 Minuten in der Muffinform abkühlen lassen. Dann herausnehmen und auf einem
Kuchengitter vollständig abkühlen lassen.

5 Die Schokomuffins vor dem Servieren jeweils
mit etwa 1 EL geschlagener Sahne, 1 Kirsche
und dunklen Schokoladenraspeln dekorieren.

TIPP

Die Muffins schmecken auch mit Himbeeren oder
Blaubeeren statt Kirschen im Teig. Falls Sie tiefgekühlte Früchte in den Teig geben, können Sie
mit einer Backzeit von 30 Minuten rechnen.

HIMBEER-CUPCAKES
MIT
KOKOSRASPELN

Ladys, es gibt Cupcakes! Hier kommen die angesagten
Küchlein unter eine cremige Haube mit Kokosblütenzucker.
So wird Ihr Kaffeeklatsch garantiert zur begehrtesten
Einladung der Stadt.

**FÜR 1 MUFFINFORM
(12 MULDEN)**

FÜR DEN TEIG:
250 g Himbeeren
40 g Kokosraspel
150 g Weizenmehl (Type 150)
1 Prise Salz

1 gehäufter TL Weinstein-
backpulver
100 g weiche Butter
70 g Kokosblütenzucker
2 Eier (Größe L)
125 ml ungesüßtes Kokoswasser
(Bioladen)

FÜR DAS FROSTING:
50 g zimmerwarme Butter
50 g Kokosblütenzucker
175 g Doppelrahm-Frischkäse
1–2 TL Rote-Bete-Saft

ZUBEREITUNG: ca. 30 Min.
BACKEN: 18–20 Min.

---

1 Den Backofen auf 175 °C (Umluft 160 °C) vorheizen. In die Mulden der Form je ein Papierbackförmchen setzen. Für den Teig die Himbeeren
verlesen. Die Kokosraspel in einer beschichteten
Pfanne ohne Fett leicht braun anrösten. Herausnehmen und 15 g Kokosraspel für die Deko beiseitestellen. Die restlichen Kokosraspel mit Mehl,
Salz und Backpulver mischen.

2 Die Butter mit dem Kokosblütenzucker in einer
Schüssel mit den Quirlen des Handrührgeräts auf höchster Stufe etwa 5 Minuten cremig
schlagen. Die Eier nacheinander dazugeben
und jeweils gut unterrühren. Die Mehlmischung
abwechselnd mit dem Kokoswasser hinzufügen
und jeweils auf niedriger Stufe kurz unterrühren.
Dann den Teig etwa 10 Sekunden auf höchster
Stufe durchrühren. Für die Deko 12 schöne Himbeeren beiseitelegen, die restlichen Beeren unter
den Teig heben.

3 Den Teig sofort gleichmäßig in die Papierbackförmchen verteilen und im Ofen etwa 18 bis
20 Minuten backen (Stäbchenprobe machen!).
Die Muffins aus dem Ofen nehmen und etwa 5 Minuten in der Form abkühlen lassen. Dann herausnehmen und auf einem Kuchengitter vollständig
abkühlen lassen.

4 Für das Frosting Butter und Zucker in einer
Schüssel mit den Quirlen des Handrührgeräts
auf höchster Stufe etwa 5 Minuten cremig rühren.
Frischkäse und Rote-Bete-Saft je nach gewünsch-
ter Färbung hinzufügen und auf niedriger Stufe
nur so lange unterrühren, bis eine glatte Creme
entstanden ist. Bis zum Servieren kühl stellen.

5 Zum Servieren das Frosting mit einem Spritzbeutel oder mithilfe eines Esslöffels auf den
Cupcakes verteilen. Mit je 1 Himbeere und den
übrigen gerösteten Kokosraspeln verzieren.

SCHNELL GEMACHT UND SUPERSAFTIG!

MINI-GUGELHUPFE
MIT ORANGE
UND JOGHURT

Husch, husch ins Förmchen:
Der Teig für die kleinen Gugelhupfe ist schnell zusammen-
gerührt und wird durch Orangenschale und Kokosblütenzucker herrlich aromatisch.

**FÜR 1 MINI-GUGELHUPFBLECH
(6 MULDEN)**

FÜR DEN TEIG:
125 g Dinkelmehl (Type 630)
15 g Speisestärke
1 gehäufter TL Backpulver
1 Prise Salz

75 g Naturjoghurt (3,5 % Fett)
100 g ungesüßtes Apfelmus
60 g weiche Butter
60 g Kokosblütenzucker
fein abgeriebene Schale von
1 Bio-Orange
2 Eier (Größe M)
Fett für die Form

FÜR DIE DEKO:
75 g Zartbitterschokolade
(mind. 70 % Kakaoanteil)

ZUBEREITUNG: ca. 30 Min.
BACKEN: 25–30 Min.

1 Den Backofen auf 175 °C (Umluft 160 °C) vorheizen. Die Mulden der Form einfetten.

2 Für den Teig das Mehl mit der Stärke, dem
Backpulver und dem Salz mischen. Den Joghurt
mit dem Apfelmus verrühren. Die Butter, den
Zucker und die Orangenschale in einer Schüssel
mit den Quirlen des Handrührgeräts auf höchster
Stufe 3 bis 4 Minuten cremig rühren. Die Eier
nacheinander dazugeben und jeweils gut unterrühren. Die Mehlmischung abwechselnd mit der
Joghurtmischung dazugeben und jeweils nur so
lange unter den Teig rühren, bis sich alle Zutaten
verbunden haben.

3 Den Teig gleichmäßig in die Mulden des Gugel-
hupfblechs verteilen. Im Ofen (Mitte) 25 bis
30 Minuten backen. Aus dem Ofen nehmen. Die

Küchlein etwa 5 Minuten in der Form abkühlen
lassen, dann vorsichtig herauslösen und auf
einem Kuchengitter vollständig abkühlen lassen.

4 Für die Deko die Schokolade grob hacken und
in einer Metallschüssel im heißen Wasserbad
unter Rühren schmelzen. Mit einem Löffel über
die Küchlein geben, sodass die Schokolade an
den Seiten herunterläuft. Trocknen lassen.

TIPP

Sie können die Gugelhupfe statt mit Orangenschale
mit Zitrone aromatisieren. Dafür die fein abgeriebene Schale von 1 großen Bio-Zitrone in den Teig
geben. Als Guss dann anstelle von Schokolade einen
Zuckerguss aus 100 g Puderzucker (aus Roh-Rohrzucker) und 2 EL Zitronensaft anrühren.

KNACKIGE NUSSECKEN
MIT HONIG UND ZIMT

Wie gut, dass davon gleich ein ganzes Blech gebacken wird. Denn im Gegensatz zu den oft klebrig-süßen Nussecken aus dem Supermarkt, knacken die Nüsse hier beim Reinbeißen tatsächlich.

FÜR 1 BACKBLECH (18 STÜCK)

FÜR DEN TEIG:
125 g Dinkelmehl (Type 630)
125 g Dinkelvollkornmehl
1 Prise Salz
75 g Kokosblütenzucker
200 g kalte Butter
1 Ei (Größe M)
1 EL flüssiger Honig

FÜR DEN BELAG:
200 g Haselnüsse
200 g Mandeln
50 g Walnusskerne
3 TL flüssiger Honig
1 TL Zimtpulver
2 Eiweiß (Größe M)
1–2 EL Sahne

FÜR DIE DEKO:
100 g Zartbitterschokolade
(mind. 70 % Kakaoanteil)

ZUBEREITUNG: ca. 45 Min.
KÜHLEN: 30 Min.
BACKEN: 25–30 Min.

1 Für den Teig die beiden Mehlsorten, Salz und Zucker mischen. Die Butter in kleinen Stücken, Ei und Honig dazugeben und alles rasch zu einem glatten Teig verkneten. Ist der Teig zu bröselig, noch 1 bis 2 EL kaltes Wasser unterrühren. Den Teig in Frischhaltefolie wickeln und mindestens 30 Minuten kühl stellen.

2 Inzwischen für den Belag Haselnüsse, Mandeln und Walnüsse portionsweise im Blitzhacker oder mit einem großen Messer mittelgrob hacken. Alle Nüsse mit dem Honig und dem Zimt mischen. Die Eiweiße leicht verquirlen und mit der Sahne gut unter die Nussmischung rühren. Die Masse bis zur Verwendung in den Kühlschrank stellen.

3 Den Backofen auf 180 °C (Umluft 160 °C) vorheizen. Den Teig zwischen zwei Lagen Backpapier zu einem etwa 40 × 30 cm großen Rechteck ausrollen. Mitsamt dem Backpapier auf ein Backblech ziehen. Das obere Backpapier abziehen und den Teig eventuell noch mit den Händen bis an den Backblechrand drücken.

4 Nussmasse gleichmäßig auf der Teigplatte verstreichen. Im Ofen (Mitte) 25 bis 30 Minuten backen. Herausnehmen, die Platte auf dem Blech erst quer, dann längs in je 3 gleich breite Streifen schneiden. Die Rechtecke jeweils diagonal halbieren, sodass 18 Dreiecke entstehen. Auf dem Blech auf einem Kuchengitter abkühlen lassen.

5 Für die Deko die Schokolade grob hacken und in einer Metallschüssel im heißen Wasserbad unter Rühren schmelzen. Die Nussecken jeweils mit den drei Ecken in die Schokolade tauchen, abtropfen und anschließend auf einem Stück Backpapier trocknen lassen.

GEROLLTE SCONES
MIT
FRUCHTFÜLLUNG

Hier wird das traditionelle britische Teegebäck mit einem
süßen Mango-Erdbeer-Püree bestrichen und dekorativ
aufgerollt. Das Ergebnis ist so gut, dass selbst die Queen
„very amused" wäre.

**FÜR 8 STÜCK
(AUS 1 MUFFINFORM)**

FÜR DIE FÜLLUNG:
150 g Mangofruchtfleisch
50 g getrocknete Soft-Aprikosen
1 EL Zitronensaft

1 EL Chiasamen (Bioladen)
200 g Erdbeeren

FÜR DEN TEIG:
350 g Dinkelmehl (Type 630)
75 g Kokosblütenzucker
2 TL Weinsteinbackpulver

1 Prise Salz, 90 g kalte Butter
1 Ei (Größe M), 175 g Sahne
Mehl für die Arbeitsfläche

ZUBEREITUNG (INKL. KÜHLEN):
ca. 40 Min.
BACKEN: ca. 30 Min.

---

1 Für die Füllung das Mangofruchtfleisch und die Aprikosen grob würfeln. Beides mit dem Zitronensaft in einem hohen Rührbecher mit dem Stabmixer fein pürieren. Die Chiasamen unterrühren und die Masse etwa 30 Minuten in den Kühlschrank stellen, bis sie etwas andickt. Inzwischen die Erdbeeren waschen, putzen, trocken tupfen und in dünne Scheiben schneiden. Aus Backpapier acht Quadrate mit 10 × 10 cm Kantenlänge zuschneiden.

2 Für den Teig Mehl, Zucker, Backpulver und Salz mischen. Die Butter in Flöckchen daraufgeben und alles mit den Fingerspitzen zu einer krümeligen Masse verarbeiten. Das Ei mit der Sahne leicht verquirlen. Die Ei-Sahne-Mischung zur Mehlmischung geben und nur so lange unterrühren, bis sich die Zutaten verbunden haben. Den Backofen auf 200 °C (Umluft 180 °C) vorheizen.

3 Den Teig halbieren. Jede Hälfte auf der gut bemehlten Arbeitsfläche zu einem etwa 25 × 30 cm großen Rechteck ausrollen. Die Platten jeweils mit der Hälfte der Füllung bestreichen, dabei rundum 1 bis 2 cm Rand frei lassen. Die Platten jeweils mit der Hälfte der Erdbeerscheiben belegen und von einer Längsseite her vorsichtig aufrollen. Den Teig vorsichtig mit einem Messer lösen, falls er an der Arbeitsfläche klebt. Jede Rolle in 4 etwa 6 cm dicke Scheiben schneiden. Die Scheiben mit einer Schnittfläche nach oben auf die Backpapierstücke legen und in die Mulden einer Muffinform drücken.

4 Die Scones im Ofen (Mitte) etwa 30 Minuten backen. Sollten sie dabei zu stark bräunen, mit Alufolie abdecken. Etwa 5 Minuten in der Form abkühlen lassen, dann herausnehmen und auf einem Kuchengitter vollständig abkühlen lassen.

KOPENHAGENER
MIT
MARZIPAN

Diese Teilchen haben das Potenzial zum Herbst-Star auf der Kaffeetafel: Herrlich fruchtig und zum Anbeißen lecker bestechen sie mit selbst gemachtem Honigmarzipan, knusprigem Blätterteig und frischen Zwetschgen.

FÜR 6 STÜCK

60 g gemahlene blanchierte Mandeln
25 g flüssiger Honig
2–3 Tropfen natürliches Bittermandelöl

1 Spritzer Rosenwasser
1 Eigelb (Größe M), 1 EL Sahne
6 quadratische Scheiben Vollkorn-Blätterteig (300 g; tiefgekühlt)
250–300 g Zwetschgen

ZUM BESTREICHEN:
1 Eigelb
1 EL Sahne

ZUBEREITUNG: ca. 25 Min.
BACKEN: ca. 15 Min.

1 Die Mandeln mit dem Honig, dem Bittermandelöl und dem Rosenwasser zu einer marzipanähnlichen Masse verarbeiten. Das Eigelb und die Sahne gut unterrühren.

2 Backofen auf 200 °C (Umluft 180 °C) vorheizen. Ein Backblech mit Backpapier auslegen, die Blätterteigscheiben nebeneinander darauflegen und kurz antauen lassen. Inzwischen die Zwetschgen waschen und trocken tupfen, längs vierteln und entsteinen.

3 Jede Blätterteigscheibe von den vier Ecken beginnend diagonal zur Mitte hin 3 bis 4 cm weit einschneiden. Die Marzipanmasse in die Mitte der Teigscheiben verteilen und jeweils 4 Pflaumenspalten daraufgeben. Je vier Teigspitzen zur Mitte hin einklappen und etwas festdrücken, sodass dazwischen je eine nicht eingeklappte Teigspitze liegt und ein Windrad entsteht.

4 Zum Bestreichen das Eigelb mit der Sahne verquirlen. Den Blätterteig gleichmäßig dünn mit der Eigelb-Sahne-Mischung bepinseln. Die Kopenhagener im Ofen (Mitte) etwa 15 Minuten golbraun backen. Vom Blech heben und auf einem Kuchengitter abkühlen lassen.

TIPP

Außerhalb der Zwetschgenzeit schmecken die Kopenhagener auch mit anderen Früchten, etwa Aprikosen, Nektarinen, Kirschen, Äpfeln, Birnen oder Heidelbeeren. Statt frischem Obst können Sie auch tiefgekühlte Früchte oder sehr gut abgetropfte Früchte aus dem Glas oder aus der Dose (ohne Zuckerzusatz) verwenden.

STRUDELBONBONS
MIT MOHN
UND APRIKOSEN

Surprise, Surprise: Unter dem knusprigen Strudelteig verbirgt sich eine saftige Füllung aus Quark, Mohn und Aprikosen. Ganz „Süße" lassen sich den Strudel auch gern als Hauptgericht schmecken!

FÜR 4 STÜCK

FÜR DEN TEIG:
150 g Weizenmehl (Type 1050)
2–3 EL Öl (z. B. Raps- oder Sonnenblumenöl)
1 Prise Salz
Mehl zum Arbeiten

FÜR DIE FÜLLUNG:
50 g getrocknete Soft-Aprikosen
15 g Mohn
150 g trockener Magerquark
1 Eigelb (Größe M)
1 EL Honig
1 TL fein abgeriebene Bio-Zitronenschale
4 frische Aprikosen (ca. 200 g)
30 g zerlassene Butter

4 gehäufte TL Vollkorn-Paniermehl

AUSSERDEM:
Puderzucker aus Roh-Rohrzucker (Bioladen)

ZUBEREITUNG: ca. 45 Min.
RUHEN: 2 Std.
BACKEN: 18–20 Min.

1 Für den Teig das Mehl mit 2 EL Öl, Salz und 80 bis 90 ml lauwarmem Wasser in einer Schüssel mit den Knethaken des Handrühgeräts in etwa 5 Minuten zu einem glatten, elastischen Teig verkneten. Teig zur Kugel formen, rundum mit Öl einpinseln und in Frischhaltefolie wickeln. Bei Zimmertemperatur 2 Stunden ruhen lassen.

2 Inzwischen für die Füllung die getrockneten Aprikosen mit heißem Wasser übergießen und 15 Minuten einweichen. Den Mohn im Blitzhacker fein mahlen. Eingeweichte Aprikosen abgießen, ausdrücken, klein würfeln und mit dem Quark in einem hohen Rührbecher mit dem Stabmixer fein pürieren. Dann in einer Schüssel mit Eigelb, Honig, Zitronenschale und Mohn mit dem Schneebesen verrühren. Aprikosen waschen, trocken tupfen, halbieren, entsteinen und klein würfeln.

3 Backofen auf 200 °C (Umluft 180 °C) vorheizen. Ein Backblech mit Backpapier auslegen. Teig vierteln. Jedes Stück auf einem leicht bemehlten Küchentuch erst ausrollen, dann vorsichtig mit den Händen zu einem 30 × 18 cm großen Streifen ausziehen. Jeden Streifen dünn mit etwas zerlassener Butter einpinseln und gleichmäßig mit 1 gehäuften TL Paniermehl bestreuen. Je ein Viertel der Quarkmasse darauf verstreichen, dabei rundum 2 bis 3 cm Rand frei lassen. Je ein Viertel der Aprikosenwürfel darauf verteilen.

4 Teig mithilfe des Tuchs von einer kurzen Seite beginnend aufrollen, Enden wie ein Bonbonpapier zusammendrücken. Strudel auf das Blech legen und mit restlicher Butter bestreichen. Im Ofen (Mitte) 18 bis 20 Minuten backen. Lauwarm oder kalt mit Puderzucker bestäubt servieren.

NOCH BESSER MIT
DER VANILLESAUCE
VON SEITE 117

APFELWAFFELN
MIT
PREISELBEERCREME

Gibt es etwas Besseres gegen den Winterblues als
flaumige Waffeln, die heiß und verführerisch duftend auf
den Teller kommen? Das süße i-Tüpfelchen: eine sahnige
Creme mit Preiselbeeren. Mmmh!

FÜR 8–10 STÜCK

FÜR DEN WAFFELTEIG:
125 g weiche Butter
3 EL flüssiger Honig
3 Eier (Größe M)
180 g Weizenvollkornmehl
50 g gemahlene Haselnüsse
1 TL Weinsteinbackpulver

1 TL Zimtpulver
250 g Buttermilch
1 Apfel
Butter für das Waffeleisen

FÜR DIE CREME:
100 ml Preiselbeersaft
(ungesüßter Direktsaft;
Bioladen oder Reformhaus)

2 EL flüssiger Honig
100 g Sahne
175 g griechischer Joghurt

ZUBEREITUNG: ca. 30 Min.
RUHEN: ca. 30 Min.
BACKEN: ca. 40 Min.

1 Für den Waffelteig die Butter mit dem Honig
in einer Schüssel mit den Quirlen des Handrührgeräts auf höchster Stufe cremig rühren.
Die Eier nacheinander dazugeben und jeweils
gut unterrühren. Das Mehl mit den Nüssen, dem
Backpulver und dem Zimt mischen. Die Mehlmischung abwechselnd mit der Buttermilch unter
die Butter-Ei-Masse rühren. Den Teig zugedeckt
etwa 30 Minuten ruhen lassen.

2 Inzwischen für die Creme den Preiselbeersaft
mit dem Honig in einem kleinen Topf verrühren
und bei starker Hitze auf etwa 4 EL sirupartige
Flüssigkeit einkochen lassen. Abkühlen lassen,
dabei öfter umrühren. Die Sahne steif schlagen
und unter den Joghurt heben. Den abgekühlten
Preiselbeersirup dazugeben und vorsichtig unter
die Joghurtmasse ziehen. Die Creme bis zum
Servieren zugedeckt kühl stellen.

3 Zum Fertigstellen der Waffeln den Apfel waschen und das Fruchtfleisch mitsamt Schale
rund um das Kerngehäuse herum mit einer Küchenreibe grob abraspeln. Die Apfelraspel unter
den Waffelteig heben.

4 Ein Waffeleisen leicht mit Butter einfetten und
nacheinander aus dem Teig Waffeln backen.
Dafür je 2 bis 3 EL Teig in die Mitte des Waffel-
eisens geben, das Eisen schließen und den Teig
etwa 5 Minuten zu einer goldbraunen Waffel
backen. Mit der Preiselbeercreme servieren.

TIPP

Übrige Waffeln lassen sich gut einfrieren und bei
Bedarf im Toaster aufbacken. Und statt der Preisel-
beercreme können Sie auch einmal die Kirschen von
Seite 108 zu den Waffeln servieren.

HEISSES EISEN
FÜR VOLLWERTIGES
WAFFELGLÜCK

SÜSSE SNACKS

Ganz schön schlau: Wer statt zu üppigen Schoko- oder pappsüßen Müsliriegeln zu diesen Kleinigkeiten greift, versorgt sich nicht nur mit Energie, sondern auch mit gesunden Fetten, Vitaminen und Mineralstoffen.

⁖ GIB MIR DIE KUGEL ⁖

ENERGIEKUGELN

Die vollwertige Mischung aus sättigenden Zutaten macht mit viel Genuss lange satt.

Für etwa 20 Energiekugeln **50 g Haferflocken** und **75 g geschälte ganze Mandeln** nacheinander getrennt im Blitzhacker fein mahlen. **150 g getrocknete Soft-Aprikosen** grob hacken. Alles mit **2 EL Zitronensaft**, **2 TL Lucumapulver** (Bioladen), **2 EL weißem Mandelmus** (Bioladen), dem **Mark von 1 Vanilleschote** und **1 bis 2 EL Wasser** im Mixer zu einer geschmeidigen Masse pürieren. Die Masse mit leicht angefeuchteten Händen zu etwa 20 walnussgroßen Kugeln formen. **2 EL Kokosraspel** und **2 TL ungesüßtes Kakaopulver** auf separate Teller geben und jeweils etwa 10 Kugeln darin wälzen. In einer gut schließenden Dose halten sich die Energiekugeln etwa 1 Woche.

KOKOSRIEGEL

Ein exotischer Traum, der sich ganz einfach zubereiten lässt.

Für etwa 24 Riegel **60 g Kokosöl** in einem Topf bei schwacher Hitze zerlassen. In eine Schüssel umfüllen und kurz abkühlen lassen. **175 g Kokosraspel**, **2 EL Lucumapulver** (Bioladen), **3 EL Reissirup**, **¼ TL Salz** und das **Mark von 1 Vanilleschote** untermischen. Je nachdem, wie trocken die Kokosraspel sind, noch **1 bis 2 EL Wasser** unterrühren. Die Masse in eine mit Frischhaltefolie ausgelegte flache Auflauf- oder Kuchenform (etwa 10 × 24 cm) füllen und mit dem Löffel gleichmäßig andrücken. Die Form mindestens 30 Minuten in das Tiefkühlfach stellen. Die Platte dann mithilfe der Folie aus der Form heben und in 5 × 1 cm große Stücke schneiden. Nach Belieben die Ecken mit den Händen etwas abrunden. Die Riegel kühl stellen. **200 g Zartbitterschokolade (mind. 70 % Kakaoanteil)** grob hacken und in einer Metallschüssel im heißen Wasserbad unter Rühren schmelzen. Die Kokosriegel einzeln mit einer Gabel in die Schokolade tauchen und damit überziehen. Etwas abtropfen lassen und zum Trocknen auf ein Kuchengitter legen. Die Riegel mit **Kokosraspeln** bestreuen, bevor die Schokolade fest geworden ist.

QUINOA-PUFFS

Mit reichlich Eiweiß, hochwertigem Fett und Ballaststoffen ein prima Sattmacher!

Für etwa 12 Stück **180 g weißes Mandelmus** (Bioladen) mit **180 ml Reissirup** und dem **Mark von 1 bis 2 Vanilleschoten** in einem kleinen Topf unter Rühren bei schwacher Hitze erwärmen, bis sich alles gut vermischt hat. Die Masse in eine große Rührschüssel umfüllen. **100 g gepuffte Quinoasamen** (Quinoa-Pops; Bioladen) gut untermischen, bis sie mit der Masse überzogen sind. Die Masse in eine mit Frischhaltefolie ausgelegte flache Auflaufform (etwa 20 × 10 cm) geben. Mit einem Löffel gleichmäßig verteilen, gut andrücken und etwa 30 Minuten kühl stellen. Die Quinoaplatte mithilfe der Folie aus der Form heben und in etwa 12 Stücke schneiden.

MÜSLIRIEGEL
MIT FEIGEN

FÜR 1 SPRINGFORM
(24 × 24 CM)

75 g Kokosöl (Bioladen)
50 g getrocknete Feigen
50 g Nüsse (z. B. Paranüsse,
Pekannüsse oder Walnüsse)

100 g grobe Haferflocken
75 g zarte Haferflocken
1 TL Zimtpulver
1 EL Lucumapulver (Bioladen)
2 Eier (Größe M)
75 g Reis- oder Ahornsirup
25 g Kokosblütenzucker

4 EL weißes Mandelmus
(Bioladen)

ZUBEREITUNG: ca. 25 Min.
BACKEN: 25–30 Min.

1 Den Backofen auf 170 °C (Umluft 150 °C) vorheizen. Das Kokosöl in einem Topf bei schwacher Hitze zerlassen. Die Form mit etwas Kokosöl einfetten.

2 Die Feigen in kleine Würfel schneiden, die Nüsse klein hacken. Beides mit den groben und den zarten Haferflocken, dem Zimt und dem Lucumapulver in einer Schüssel mischen. Die Eier verquirlen und mit Sirup, Zucker und Mandelmus verrühren. Die Eiermischung und das übrige Kokosöl zur Flockenmischung geben und alles sehr gut mischen.

3 Die Masse mit einem Löffel gleichmäßig in der Form verteilen und fest andrücken. Im Ofen (Mitte) 25 bis 30 Minuten backen. Sollte die Masse dabei zu stark bräunen, mit Alufolie abdecken. Herausnehmen und die Teigplatte in der Form etwas abkühlen lassen. Die Platte quer halbieren und längs in 6 gleich breite Streifen schneiden, sodass 12 Riegel entstehen.

TIPP

Die Müsliriegel nach Belieben mit einem Ende in geschmolzene Zartbitterschokolade tauchen.

CRANBERRY-BRÖTCHEN
MIT INGWER

FÜR 24 STÜCK

250 g Weizenvollkornmehl
300 g Dinkelmehl (Type 630)
1 TL Ingwerpulver, 1 Prise Salz
1 Würfel Hefe (42 g)
100 ml lauwarme Milch

250 g Magerquark
2 Eier (Größe M)
150 g weiche Butter
3 EL flüssiger Honig
125 g getrocknete Cranberrys
(ungesüßt)
Mehl zum Arbeiten

1 Eigelb und 1 EL Milch
(verquirlt) zum Bestreichen

ZUBEREITUNG: ca. 30 Min.
RUHEN: ca. 1 Std.
BACKEN: 25–30 Min.

1 Beide Mehlsorten, Ingwer und Salz mischen. Hefe zerbröckeln und in der Milch auflösen. Mit Quark, Eiern, Butter und Honig zur Mehlmischung geben. Alles zuerst mit den Knethaken des Handrührgeräts, dann mit den Händen in 5 bis 10 Minuten zu einem geschmeidigen, weichen Teig verkneten. Cranberrys unterkneten. Den Teig mit Mehl bestäuben und zugedeckt an einem warmen Ort etwa 45 Minuten gehen lassen, bis er sein Volumen etwa verdoppelt hat.

2 Zwei Backbleche mit Backpapier auslegen. Teig auf der leicht bemehlten Arbeitsfläche durchkneten und in 24 Stücke teilen. Diese zu Brötchen formen und mit etwa 2 cm Abstand zueinander auf die Bleche legen. Zugedeckt etwa 20 Minuten gehen lassen. Backofen auf 170 °C Umluft vorheizen. Brötchen mit Eigelb-Milch bestreichen. Im Ofen (unten und Mitte) 25 bis 30 Minuten goldbraun backen. Vom Blech nehmen, auf einem Kuchengitter abkühlen lassen.

HAFERCOOKIES
MIT
CRANBERRYS

Ich glaube zwar nicht, dass diese Cookies mit Kakao-Nibs
und herb-süßen Beeren bei Ihren großen und kleinen
Krümelmonstern lange überleben werden. Aber falls doch:
In einer Blechdose halten sie sich einige Tage.

**FÜR CA. 15 STÜCK
(À CA. 8 CM DURCHMESSER)**

100 g Weizenvollkornmehl
50 g grobe Haferflocken
1 EL Lucumapulver (Bioladen)
1 TL Natron, ½ TL Salz

100 g weiche Butter
120 g Kokosblütenzucker
1 Ei (Größe M)
Mark von 1 Vanilleschote
120 g Erdnussmus
50 g getrocknete Cranberrys
(ungesüßt)

25 g rohe Kakao-Nibs
(Bioladen)

ZUBEREITUNG: ca. 25 Min.
BACKEN: 10–15 Min.

---

1 Den Backofen auf 150 °C Umluft vorheizen. Zwei Backbleche mit Backpapier auslegen. Das Mehl mit Haferflocken, Lucumapulver, Natron und Salz mischen.

2 Die Butter mit dem Kokosblütenzucker in einer Schüssel mit den Quirlen des Handrührgeräts auf höchster Stufe cremig rühren. Zuerst das Ei, dann Vanillemark und Erdnussmus gut unterrühren. Die Mehlmischung dazugeben und nur so lange unterrühren, bis sich alle Zutaten gerade eben verbunden haben. Dann die Cranberrys und die Kakao-Nibs unterheben.

3 Mithilfe von zwei Esslöffeln etwa 15 kleine Teighäufchen mit je etwa 4 cm Abstand zueinander auf die Bleche setzen, dabei je Häufchen etwa 1 gehäuften EL Teig verwenden. Die Teighäufchen mit einer leicht angefeuchteten Gabel zu Talern von etwa 5 bis 6 cm Durchmesser flach drücken.

4 Die Cookies im Ofen (unten und Mitte) 10 bis 15 Minuten backen, bis die Ränder goldbraun werden. Vom Blech heben und auf einem Kuchengitter abkühlen lassen.

TIPP

Statt Cranberrys können Sie auch Rosinen oder andere klein gewürfelte Trockenfrüchte wie Aprikosen, Feigen oder Äpfel verwenden. Wer es schokoladiger mag, hebt statt der Kakao-Nibs gehackte Zartbitterschokolade unter den Teig.

X-MAS-PLÄTZCHEN

Weihnachten ohne Plätzchen wäre wie
Sommer ohne Sonne — nur gut, dass
auch die beliebten Klassiker der Weih-
nachtsbackstube ganz ohne weißen
Zucker superlecker schmecken!

⋄ DER CLOU: SCHWARZE MELASSE ⋄

PFEFFERKUCHEN

*Fettarm, vegan und ein niedriger glykämischer
Index: Die süßen Kerle sind wahre Traumtypen!*

Für etwa 25 Stück **350 g Dinkelvollkornmehl,
¼ TL Salz, ½ TL Weinsteinbackpulver** und
3 TL Lebkuchengewürz mischen. **5 EL Sonnenblumenöl, 75 g Kokosblütenzucker, 125 g schwarze
Melasse** (Bioladen), **3 EL ungesüßtes Apfelmus**
und die **fein abgeriebene Schale von 1 Bio-Orange**
dazugeben. Erst mit einem Löffel, dann mit den
Händen zu einem Teig verarbeiten. Auf ein Stück
Frischhaltefolie geben, einwickeln, flach drücken
und mindestens 1 Stunde kühlen. Den Backofen
auf 160 °C Umluft vorheizen. Zwei Backbleche mit
Backpapier auslegen. Den Teig in zwei Portionen teilen und jede Portion auf der bemehlten
Arbeitsfläche etwa ½ cm dick ausrollen. Pfeffer-
kuchenmänner (à etwa 12 cm Länge) ausstechen
und auf das Backpapier legen. Im Ofen (unten
und Mitte) 8 bis 9 Minuten backen. Vom Blech
heben und auf einem Kuchengitter abkühlen
lassen. Nach Belieben **250 g Puderzucker (aus
Roh-Rohrzucker)** und **1 Eiweiß (Größe M)** zu
einem glatten Guss verrühren und die Pfeffer-
kuchen damit verzieren.

INGWERSTERNE

Leicht gesüßte Kekse mit Vollkornmehl und Mandeln: Da dürfen Sie gern öfter zugreifen …

Für etwa 40 Stück **250 g Dinkelvollkornmehl**, **75 g gemahlene Mandeln**, **3 TL Ingwerpulver**, **1 Prise Salz** und **½ TL Weinsteinbackpulver** mischen. **25 g Kokosblütenzucker**, **1 EL Honig**, **1 Ei**, **120 g kalte Butter** in kleinen Stücken und die **fein abgeriebene Schale von ½ Bio-Zitrone** dazugeben. Alles rasch zu einem glatten Teig verkneten. Den Teig in Frischhaltefolie gewickelt mindestens 1 Stunde kühlen. Den Backofen auf 160 °C Umluft vorheizen. Zwei Backbleche mit Backpapier auslegen. Den Teig in zwei Portionen teilen, jede Portion auf der bemehlten Arbeitsfläche etwa 3 mm dick ausrollen, Sterne (à etwa 6 cm Durchmesser) ausstechen und auf das Backpapier legen. **1 Eigelb** mit **2 EL Milch** verquirlen und die Plätzchen damit bestreichen. Die Plätzchen mit **je 1 halbierten, blanchierten Mandel** belegen und im Ofen (unten und Mitte) 12 bis 15 Minuten goldgelb backen. Vom Blech heben und auf einem Kuchengitter abkühlen lassen.

KERNIGE KOKOSMAKRONEN

Gemahlene Kürbiskerne geben den Makronen Biss, Cranberrys sorgen für Farbtupfer.

Für etwa 20 Stück den Backofen auf 125 °C (keine Umluft) vorheizen. Ein Backblech mit Backpapier auslegen. **40 g Kürbiskerne** im Blitzhacker fein mahlen und mit **100 g Kokosraspeln** mischen. **50 g getrocknete Cranberrys (ungesüßt)** grob hacken und untermischen. **2 Eiweiße** mit **1 Prise Salz** zu steifem Schnee schlagen, dabei am Ende **75 g Kokosblütenzucker** einrieseln lassen und unterschlagen. Die Kokosmischung und die **fein abgeriebene Schale von ½ Bio-Zitrone** vorsichtig unterheben. Die Masse mithilfe von zwei Teelöffeln als kleine Häufchen auf das Blech setzen. Die Makronen im Ofen (Mitte) 30 bis 40 Minuten goldgelb backen. Den Ofen ausschalten, die Ofentür mit einem Kochlöffelstiel einen Spaltbreit offen halten und die Makronen im Ofen abkühlen lassen. In einer Blechdose aufbewahren.

SÜSSES

ZUM

Sattessen

HIER WIRD DER TRAUM ALLER NASCHKATZEN WAHR! DENN
SÜSSE SACHEN MIT FRÜCHTEN, BALLASTSTOFFEN UND EINER
GUTEN PORTION EIWEISS MACHEN LANGE SATT, OHNE DEN
BLUTZUCKERSPIEGEL ACHTERBAHN FAHREN ZU LASSEN.

BANANEN-SCHMARREN
MIT
COUSCOUS

Kein Schmarren, Naschen kann so gesund sein. Hier liefert
Couscous reichlich Ballaststoffe und sorgt für leichten Biss.
Wer mag, serviert zu dem Bananen-Schmarren noch
mit Nussmus verrührten Naturjoghurt als Dip.

FÜR 4 PERSONEN

150 g Couscous (am besten
Vollkorn-Couscous)
200–240 ml kalte Milch
2 reife Bananen
(ca. 200 g Fruchtfleisch)

3 Eier (Größe M)
1 Prise Salz
2 EL Ahornsirup
Mark von 1 Vanilleschote
150 g Weizenmehl (Type 1050)
2 TL Kakaopulver
250 g Magerquark

2–3 EL Rapsöl
Puderzucker aus Roh-Rohr-
zucker (Bioladen)

ZUBEREITUNG (INKL.
QUELLEN): ca. 45 Min.

---

1 Den Couscous mit 200 ml Milch mischen und
etwa 15 Minuten quellen lassen. Inzwischen
die Bananen schälen und in kleine Würfel schneiden. Die Eier trennen.

2 Die Eiweiße mit dem Salz zu steifem Schnee
schlagen. Die Eigelbe in einer Schüssel mit
Ahornsirup, Vanillemark, Mehl, Kakaopulver und
Quark verrühren. Dabei für eine cremige Konsistenz eventuell noch etwas Milch unterrühren,
je nachdem, wie feucht der Quark ist. Den Couscous und die Bananenwürfel unterrühren. Den
Eischnee vorsichtig unterheben.

3 In einer großen beschichteten Pfanne 1 EL Öl
erhitzen. Die Hälfte der Couscous-Masse in die
Pfanne geben und zugedeckt bei mittlerer Hitze
etwa 5 Minuten braten. Die Masse mit einem
Pfannenwender vierteln, sobald sie an der Ober-

fläche gestockt ist. Die Viertel umdrehen und
weitere 3 bis 4 Minuten backen, dann mithilfe
von zwei Gabeln in kleinere Stücke zerteilen.
Eventuell noch ½ EL Öl in die Pfanne geben und
die Stücke rundum goldbraun braten.

4 Den Schmarren auf einen Teller geben und
warm halten, z. B. im Backofen bei 70 °C.
Aus dem restlichen Teig und dem übrigen Öl
auf dieselbe Weise einen Schmarren backen.
Zum Servieren den Bananen-Schmarren mit
Puderzucker bestäuben.

TIPP

Anstelle von Puderzucker aus Roh-Rohrzucker
können Sie den Schmarren auch mit Ahornsirup beträufeln oder mit einer Mischung aus Vollrohrzucker
und Zimtpulver bestreuen.

PFANNEN-HIT FÜR GROSS UND KLEIN

TOPFENKNÖDEL
MIT
FRUCHTSAUCE

Zugegeben, dieses Rezept ist etwas aufwendiger. Aber
wenn die feinen Knödel erst einmal auf dem Teller liegen
und unter den knusprigen Bröseln ihr fruchtiges Innenleben
offenbaren, weiß man: Die Mühe hat sich gelohnt!

FÜR 4 PERSONEN (12 KNÖDEL)

FÜR DIE KNÖDEL:
250 g Magerquark
70 g weiche Butter
1 Ei (Größe M), 1 Prise Salz
70 g Dinkelmehl (Type 630)
70 g Weizenvollkorngrieß
12 kleine Aprikosen (ca. 500 g)

50 g Zartbitterschokolade
(mind. 70 % Kakaoanteil)
1 Vanilleschote
Dinkelmehl zum Arbeiten

FÜR DIE SAUCE:
¼ l roter Smoothie (ohne
Zucker; 100 % Fruchtgehalt)
1–2 TL Pfeilwurzelstärke

FÜR DIE BRÖSEL:
3 EL Butter
75 g Vollkorn-Paniermehl
25 g gemahlene Mandeln
3 EL Kokosblütenzucker

ZUBEREITUNG: ca. 1 Std.
KÜHLEN: 1 Std.

1 Für die Knödel ein Sieb mit einem nassen
Küchentuch auslegen, den Quark hineingeben
und mithilfe des Tuchs gut ausdrücken. Die Butter cremig rühren. Zuerst das Ei und Salz, dann
den abgetropften Quark unterrühren. Nach und
nach Mehl und Grieß unterrühren. Den Teig als
länglichen Streifen auf ein Stück Frischhaltefolie
geben und einwickeln, dabei zu einer Rolle formen. Im Kühlschrank 1 Stunde ruhen lassen.

2 Aprikosen waschen, trocken tupfen, längs
halb aufschneiden und entsteinen. Schokolade
in 12 Stücke schneiden. In jede Aprikose statt
des Steins 1 Schokoladenstück geben. Den Teig
auf der bemehlten Arbeitsfläche in 12 Scheiben
schneiden. Diese nacheinander mit bemehlten
Händen auf einer Handfläche flach drücken,
1 Aprikose darauflegen, mit Teig umhüllen und
zwischen den Händen zu einem Knödel rollen.

3 Die Vanilleschote längs aufschneiden, das
Mark herauskratzen und für die Sauce beiseitestellen. In einem weiten Topf reichlich leicht gesalzenes Wasser mit der Schote aufkochen. Hitze
reduzieren und die Knödel darin knapp unter dem
Siedepunkt 10 bis 15 Minuten gar ziehen lassen.

4 Inzwischen für die Sauce den Smoothie mit
Vanillemark in einem Topf erhitzen. Stärke
mit 2 EL kaltem Wasser glatt rühren, in die heiße
Flüssigkeit geben und unter Rühren köcheln
lassen, bis die Sauce bindet. Für die Brösel die
Butter in einer Pfanne zerlassen. Paniermehl und
Mandeln darin bei mittlerer Hitze unter Wenden
goldgelb rösten. Mit Zucker mischen und auf
einen Teller geben. Die Sauce auf Teller verteilen.
Die Knödel mit einem Schaumlöffel aus dem Topf
heben, gut abtropfen lassen, mit den Bröseln
bestreuen und auf der Sauce anrichten.

PFLAUMENBUCHTELN
MIT
SCHOKO-NUSS-SAUCE

Zusammen mit Mandeln macht Buchweizen den Hefeteig
schön nussig und sorgt nebenbei für extra viele Nährstoffe.
Am besten schmecken die flaumigen Buchteln, wenn sie
noch warm aus dem Backofen kommen.

FÜR 1 AUFLAUFFORM
(30 × 24 CM, 4 PERSONEN)

FÜR DEN TEIG:
250 g Dinkelvollkormehl
50 g Buchweizenmehl
1 große Prise Salz
4 EL Kokosblütenzucker
130 ml Mandeldrink
½ Würfel Hefe (21 g)
1 Ei (Größe M)

70 g weiche Butter
Dinkelvollkornmehl zum
Arbeiten
Butter für die Form

FÜR DIE FÜLLUNG:
100 g getrocknete Soft-
Pflaumen
100 ml Orangensaft
1 Msp. Zimtpulver
1 Msp. gemahlener Kardamom

FÜR DIE SAUCE:
150 ml Milch
50 g Zartbitterschokolade
(mind. 70 % Kakaoanteil)
2 weiche Datteln
(z. B. Medjool; ohne Stein)
30 g Haselnüsse

ZUBEREITUNG: ca. 40 Min.
RUHEN: 50–60 Min.
BACKEN: 20–25 Min.

1 Für den Teig beide Mehlsorten, Salz und Zucker in einer Schüssel mischen. Den Mandeldrink lauwarm erhitzen und die Hefe darin unter Rühren auflösen. Hefe-Milch und Ei zur Mehlmischung geben und alles mit den Knethaken des Handrührgeräts etwa 10 Minuten zu einem glatten Teig verkneten. 50 g Butter in Flöckchen daraufgeben und mit den Händen unterkneten, bis der Teig geschmeidig ist. Den Teig zugedeckt an einem warmen Ort etwa 30 Minuten gehen lassen, bis sich das Volumen nahezu verdoppelt hat.

2 Inzwischen für die Füllung die Pflaumen in kleine Würfel schneiden. Mit Orangensaft, Zimtpulver und Kardamom in einem Topf aufkochen. Zu Pflaumenmus einköcheln und dann abkühlen lassen. Die Form mit Butter einfetten.

3 Teig auf der leicht bemehlten Arbeitsfläche nochmals durchkneten und in 8 Stücke teilen. Teigstücke etwas flach drücken und je etwa 1 EL Pflaumenmus daraufgeben. Teig über der Füllung verschließen und zwischen den Händen zu Kugeln rollen. Die Kugeln mit etwas Abstand zueinander in die Form legen und zugedeckt 20 bis 30 Minuten gehen lassen. Inzwischen den Backofen auf 180 °C (Umluft 160 °C) vorheizen.

4 Restliche Butter zerlassen, die Buchteln damit bestreichen. Im Ofen (Mitte) 20 bis 25 Minuten goldbraun backen. Inzwischen für die Sauce die Milch erhitzen. Schokolade grob hacken und unter Rühren in der Milch schmelzen. Datteln grob würfeln. Mit Schoko-Milch und Nüssen im Mixer fein pürieren. Zu den Buchteln servieren.

PALATSCHINKEN
MIT
KOMPOTT

In den dünnen Pfannkuchen versteckt sich eine zitronen-
frische Füllung aus Quark, Eiern und Rosinen.
Mit einem Joghurtguss werden diese Palatschinken etwas
leichter als das üppige österreichische Original.

FÜR 1 AUFLAUFFORM
(30 × 24 CM, 6 PERSONEN)

FÜR DEN TEIG:
3 Eier (Größe M)
120 ml Milch, 1 Prise Salz
100 g Weizenmehl (Type 1050)
1 EL Lucumapulver (Bioladen)
1–2 EL Öl zum Braten
Butter für die Form

FÜR DIE FÜLLUNG:
2 Eier (Größe M)
1 Prise Salz, 40 g weiche Butter
50 g Kokosblütenzucker
1 TL fein abgeriebene Bio-
Zitronenschale
200 g Magerquark
2 EL Rosinen

FÜR DEN GUSS:
2 Eier (Größe M)
150 g griechischer Joghurt

15 g Kokosblütenzucker
Mark von ½ Vanilleschote

FÜR DAS KOMPOTT:
2 Äpfel, 200 g Brombeeren
5 EL Apfelsaft, 1 Sternanis
1 Stück Süßholzwurzel
(siehe S. 17)

ZUBEREITUNG (INKL.
QUELLEN): ca. 1 Std.
BACKEN: ca. 30 Min.

1 Für den Teig die Eier mit Milch, Salz, Mehl und Lucumapulver in einer Schüssel glatt verquirlen. Zugedeckt 20 Minuten quellen lassen. Inzwischen für die Füllung die Eier trennen. Die Eiweiße mit Salz zu steifem Schnee schlagen. Butter, Zucker und Zitronenschale mit den Quirlen des Handrührgeräts cremig rühren. Die Eigelbe nacheinander jeweils gut unterrühren. Den Quark unterrühren, Rosinen und Eischnee unterheben. Für den Guss Eier, Joghurt, Zucker und Vanille verquirlen. Den Backofen auf 160 °C (Umluft 140 °C) vorheizen. Die Form einfetten.

2 Aus dem Teig in einer beschichteten Pfanne nacheinander 6 dünne Pfannkuchen backen. Dafür jeweils etwas Öl in der Pfanne erhitzen.

1 kleine Schöpfkelle Teig hineingeben, durch Schwenken der Pfanne verteilen und auf jeder Seite 2 bis 3 Minuten goldbraun backen. Pfannkuchen herausnehmen, mit der Füllung bestreichen, aufrollen, nebeneinander in die Form legen und gleichmäßig mit Guss übergießen. Im Ofen (2. Schiene von unten) etwa 30 Minuten backen.

3 Inzwischen für das Kompott die Äpfel schälen, vierteln, entkernen und klein schneiden. Brombeeren waschen und verlesen. Äpfel, Saft, Anis und Süßholzwurzel in einem Topf zugedeckt etwa 5 Minuten dünsten. Beeren dazugeben. Den Topf vom Herd nehmen und das Kompott zugedeckt ziehen lassen, bis die Palatschinken fertig sind. Die Palatschinken mit dem Kompott servieren.

HIRSEBREI
MIT ORANGEN

Himmlisch wie aus 1001 Nacht! Und dank Hirse ist
das exotische Seelenfutter sogar ein echter Fitmacher:
Die kleinen Körner punkten nämlich mit viel Eiweiß,
wertvollen Slow Carbs, B-Vitaminen und Mineralstoffen.

FÜR 4 PERSONEN

FÜR DEN HIRSEBREI:
4 weiche Datteln (z. B. Medjool;
ohne Stein)
4 getrocknete Soft-Aprikosen
4 EL getrocknete Cranberrys
(ungesüßt)

200 g Hirse
350 ml Orangensaft
350 ml Mandeldrink
1 Prise Salz

ZUM SERVIEREN:
2 EL Pistazienkerne
4 Orangen

250 g griechischer Joghurt
1 Schuss Orangenblütenwasser
(Bioladen)
etwas Zimtpulver

ZUBEREITUNG: ca. 35 Min.

---

1 Für den Brei die Datteln, Aprikosen und Cranberrys klein schneiden. Mit Hirse, Orangensaft, Mandeldrink sowie Salz in einem Topf unter Rühren zum Kochen bringen und zugedeckt bei schwacher Hitze etwa 25 Minuten köcheln lassen. Dabei vor allem gegen Ende der Kochzeit häufiger umrühren, damit nichts anbrennt.

2 Inzwischen zum Servieren die Pistazienkerne grob hacken, in einer Pfanne ohne Fett hellbraun rösten und abkühlen lassen. Die Orangen so schälen, dass auch die weiße Haut entfernt wird. Die Fruchtfilets zwischen den Trennhäuten herausschneiden, dabei den Saft auffangen. Den Joghurt mit etwa 2 EL aufgefangenem Orangensaft und dem Orangenblütenwasser glatt rühren.

3 Den Hirsebrei auf tiefen Tellern oder in Schalen anrichten und die Orangenfilets daraufgeben. Jeweils 1 Klecks Joghurt daraufsetzen, mit den gerösteten Pistazien bestreuen und mit etwas Zimtpulver bestäuben.

TIPP

Wer es vegan mag, serviert statt des griechischen Joghurts eine Alternative aus Sojamilch zum Hirsebrei. Diese Joghurt-Ersatzprodukte bietet mittlerweile fast jeder größere Supermarkt im Kühlregal an, z. B. unter Bezeichungen wie Sojaghurt.

QUARKAUFLAUF
MIT
APFEL UND GRIESS

Ein süßer Ofenhit, den nicht nur Kinder lieben werden.
Mit Vollkorngrieß und Äpfeln ist er eine ausgewogene
Alternative für alle Schleckermäulchen, die sich lieber an
etwas Süßem als an Herzhaftem satt essen.

FÜR 4 OFENFESTE PORTIONS-FORMEN (À 300 ML INHALT)	120 g Butter 3 EL Vollrohrzucker Mark von 1 Vanilleschote	2 EL gehobelte Mandeln Butter für die Formen
2 Eier (Größe M) 1 Prise Salz 1 großer Apfel	500 g Magerquark 140 g Weizenvollkorngrieß evtl. 2–3 EL Milch	ZUBEREITUNG: ca. 20 Min. BACKEN: ca. 30 Min.

1 Den Backofen auf 200 °C (Umluft 180 °C) vorheizen. Die Eier trennen. Die Eiweiße mit dem Salz zu steifem Schnee schlagen. Den Apfel schälen, vierteln und entkernen. Die Apfelviertel in dünne Spalten schneiden.

2 In einer Rührschüssel 100 g Butter mit dem Vollrohrzucker und dem Vanillemark mit den Quirlen des Handrührgeräts schaumig schlagen. Die Eigelbe nacheinander jeweils gut unterrühren. Den Quark und den Grieß dazugeben und alles zu einer cremigen Masse verrühren. Dabei für die richtige Konsistenz eventuell noch etwas Milch unterrühren, je nachdem wie feucht der Quark ist. Den Eischnee vorsichtig unterheben.

3 Die Portionsformen (ersatzweise eine flache Auflaufform) mit Butter einfetten. Die Grieß-masse abwechselnd mit den Apfelspalten ein-schichten, dabei mit Apfelspalten enden. Die übrige Butter in Flöckchen auf den Äpfeln vertei-len und die gehobelten Mandeln darüberstreuen. Den Auflauf im Ofen etwa 30 Minuten backen. Warm in den Förmchen oder portionsweise auf Tellern servieren.

TIPP

Wer mag, gibt noch 2 EL in Apfelsaft oder Rum eingeweichte Rosinen, Cranberrys oder Gojibeeren in die Quarkmasse.

MILCHREIS-GRATIN
MIT
EXOTISCHEN FRÜCHTEN

Kokosmilch und tropische Früchte spendieren dem Klassiker ein umwerfendes Aroma und lassen Löffel für Löffel die Sonne aufgehen. Das Gratin ist auch als Dessert lecker, dann reicht die Menge für mindestens sechs Esser.

FÜR 1 FLACHE AUFLAUFFORM
(24 × 15 CM, FÜR 4 PERSONEN)

200 g Mochi-Reis (japanischer Rundkornreis; Bio- oder Asialaden; siehe Tipp)
1 Dose Kokosmilch (400 ml)

600 ml Milch
1 Prise Salz
50 g getrocknete Mango
je ½ Mango, Ananas und Papaya (insgesamt etwa 500 g Fruchtfleisch)
1 Ei (Größe M)

1 EL Kokosblütenzucker
2–3 TL Kokoschips für die Deko (ungesüßt; Bioladen)

ZUBEREITUNG: ca. 20 Min.
GAREN: ca. 1 Std.
BACKEN: ca. 10 Min.

---

1 Den Mochi-Reis mit Kokosmilch, Milch und Salz in einem Topf aufkochen und zugedeckt bei sehr schwacher Hitze etwa 45 Minuten sanft köcheln lassen. Dabei öfter umrühren, damit der Reis nicht anbrennt. Inzwischen die getrocknete Mango in kleine Würfel schneiden. Nach den 45 Minuten Garzeit unter den Milchreis rühren und alles offen etwa 15 Minuten weitergaren, bis der Reis weich ist.

2 Inzwischen den Backofen auf 225 °C (Umluft 200 °C) vorheizen. Mango, Ananas und Papaya schälen. Von der Mango das Fruchtfleisch zuerst vom Stein und anschließend in schmale Spalten schneiden. Von der Ananas den Strunk entfernen und das Fruchtfleisch in mundgerechte Würfel schneiden. Die Papaya entkernen und ebenfalls in schmale Spalten schneiden.

3 Das Ei trennen. Das Eiweiß zu steifem Schnee schlagen. Den fertigen Milchreis vom Herd

nehmen. Zunächst 2 bis 3 EL Milchreisbrei mit dem Eigelb verrühren, dann die Eigelbmasse unter den restlichen Reisbrei rühren. Den Eischnee vorsichtig unterheben.

4 Die Reismasse in die Form (oder in 4 flache Portionsformen) füllen und glatt streichen. Die Mango-, Ananas- und Papayastücke darauf verteilen und gleichmäßig dünn mit dem Kokosblütenzucker bestreuen. Im Ofen (2. Schiene von oben) 8 Minuten überbacken. Dann mit den Kokoschips bestreuen und weitere 1 bis 2 Minuten goldgelb fertig gratinieren. Warm servieren.

TIPP

Mochi-Reis ist eine japanische Spezialität, die perfekt für süße Sattmacher-Rezepte ist. Im Vergleich zu normalem Milchreis bietet dieser Rundkornreis eine Extraportion Ballaststoffe sowie reichlich B-Vitamine und eine natürliche Süße.

FRÜHSTÜCK

Für viele gehört morgens einfach etwas Süßes mit auf den Tisch. Hier wird fündig, wer Honigbrot und Co. mittlerweile langweilig findet und sich mehr Abwechslung wünscht.

❖ 1-A-SONNTAGSFRÜHSTÜCK ❖

ZITRONEN-PANCAKES

Die versüßen den Start in den Morgen: saftige Küchlein mit feinem Heidelbeer-Ahornsirup.

Für 4 Personen (etwa 16 Pancakes) **400 g Heidelbeeren** waschen und verlesen. 100 g Beeren mit **4 EL Ahornsirup** und **100 ml Wasser** in einem Topf aufkochen und etwa 5 Minuten köcheln lassen, bis die Beeren zerfallen. Die Beeren in einem feinen Sieb mit einem Löffel ausdrücken, dabei den Sirup auffangen. 100 g Beeren unter den Sirup mischen. Für die Pancakes **3 Eier (Größe M)** trennen. Die Eiweiße mit **1 Prise Salz** zu steifem Schnee schlagen. Eigelbe mit **250 g Ricotta** und **250 g Buttermilch** glatt rühren. **150 g Dinkelmehl (Type 630)** mit **1 TL Weinsteinbackpulver** mischen. Mit **1 TL fein abgeriebener Bio-Zitronenschale** unter die Eigelb-Mischung rühren. Den Eischnee unterheben. Aus dem Teig und den restlichen 200 g Beeren etwa 16 Pancakes backen. Dafür nach und nach **2 EL Öl** in einer großen beschichteten Pfanne erhitzen. Pro Pancake knapp 2 EL Teig in die Pfanne geben, zu Küchlein von je etwa 8 cm Durchmesser flach streichen, mit Beeren belegen und pro Seite 3 bis 4 Minuten goldgelb backen. Warm mit dem Sirup servieren.

NUSS-GRANOLA

Schmeckt nicht nur mit Milch und Obst, sondern auch als Topping auf Obstsalat und Joghurt.

Für etwa 400 g (8 bis 10 Portionen) den Backofen auf 150 °C vorheizen. Ein Backblech mit Backpapier auslegen. **1 reife Banane** schälen und grob schneiden, **4 weiche Datteln (ohne Stein)** klein schneiden. Beides mit dem Stabmixer fein pürieren. **25 g Mandelmus** (Bioladen) und **1 große Prise Salz** kurz untermixen. In einer Schüssel **250 g grobe Haferflocken**, **25 g gepuffte Quinoasamen** und **25 g Sonnenblumenkerne** mischen. Die Bananenmasse mit den Händen gründlich untermischen. Die Mischung auf dem Backpapier verteilen und im Ofen (unten) etwa 30 Minuten backen, dabei im Abstand von 5 bis 10 Minuten gut durchrühren. Die Mischung wenden und 15 bis 20 Minuten weiterbacken, dabei zwischendurch durchrühren. Inzwischen **25 g Pekannüsse** und **25 g geschälte ganze Mandeln** grob hacken. Nüsse und Mandeln unter die Masse auf dem Blech mischen, alles 5 bis 10 Minuten knusprig und goldbraun fertig backen. Abkühlen lassen und luftdicht verschlossen aufbewahren.

FRÜHSTÜCKS-MUFFINS

Da steckt so viel Gutes drin, dass man sich die Küchlein getrost schon morgens gönnen kann.

Für 12 Stück in die Vertiefungen einer Muffinform (12 Mulden) je 1 Papierbackförmchen setzen. Backofen auf 180 °C (Umluft 160 °C) vorheizen. **50 g getrocknete Soft-Aprikosen** klein würfeln. **50 g Kokosraspel** in einer Pfanne ohne Fett leicht anrösten. In einer Schüssel mit **50 g groben Haferflocken, 125 g Dinkelmehl (Type 630), 2 TL Weinsteinbackpulver** und **1 TL Zimtpulver** mischen. **1 reife Banane** schälen und in Stücke schneiden. Mit **3 Eiern, 4 EL Ahornsirup** und **100 ml Rapsöl** mit dem Stabmixer kurz pürieren. Die Masse nur so lange unter die Mehlmischung rühren, bis sich die Zutaten gerade eben verbunden haben. Aprikosen unterheben. Teig in die Form verteilen und im Ofen (Mitte) etwa 30 Minuten backen. Auf einem Kuchengitter abkühlen lassen. Gut verpackt halten sich die Muffins etwa 3 Tage, tiefgekühlt mindestens 3 Monate.

SCHAUMOMELETT
MIT BEEREN

FÜR 4 PERSONEN	250 g Ricotta	4 EL Mandelmehl
	je 1 TL Zitronensaft und fein	4 TL Öl zum Braten
500 g gemischte Beeren	abgeriebene Bio-Zitronenschale	Puderzucker aus Roh-Rohr-
(z. B. Erdbeeren, Heidelbeeren	6 TL Honig	zucker (Bioladen)
und Himbeeren)	8 Eier (Größe M), 1 Prise Salz	
4 Stiele Minze	150 ml Milch	ZUBEREITUNG: ca. 40 Min.

1 Beeren je nach Sorte waschen und putzen oder verlesen, Erdbeeren halbieren oder vierteln. Minze waschen und trocken schütteln, Spitzen abzupfen und für die Dekoration beiseitelegen. Von der restlichen Minze die Blätter abzupfen und fein schneiden. Ricotta mit Zitronensaft und -schale sowie 2 TL Honig glatt rühren. Geschnittene Minze und die Hälfte der Beeren unterheben.

2 Die Eier trennen. Die Eiweiße mit dem Salz zu steifem Schnee schlagen. Eigelbe, Milch, Mandelmehl und restlichen Honig in einer großen Schüssel verrühren. Den Eischnee nach und nach portionsweise dazugeben und unterheben.

3 In einer großen beschichteten Pfanne 1 TL Öl erhitzen. Ein Viertel der Omelettmasse hineingeben und mit einem Viertel der übrigen Beeren bestreuen. Zugedeckt bei mittlerer Hitze etwa 5 Minuten stocken lassen. Sobald die Oberfläche gestockt ist, ein Viertel der Ricottamasse auf eine Omeletthälfte geben. Die nicht belegte Hälfte darüberklappen. Das Omelett noch 2 bis 3 Minuten weiterbacken, dann vorsichtig aus der Pfanne auf einen vorgewärmten Teller gleiten lassen und warm halten, z. B. im Backofen bei 70 °C. Aus den restlichen Zutaten auf dieselbe Weise 3 weitere Omeletts backen. Vor dem Servieren mit Puderzucker bestäuben.

CLAFOUTIS
MIT PFLAUMEN

FÜR 1 FLACHE AUFLAUFFORM
(20 × 28 CM, 4 PERSONEN)

500 g Pflaumen
3 Eier (Größe M), 1 Prise Salz

2 EL Kokosblütenzucker
4 EL Mandelmehl
1 EL Pfeilwurzelstärke
200 ml Milch
Butter für die Form

ZUBEREITUNG: ca. 20 Min.
BACKEN: ca. 35 Min.

1 Den Backofen auf 220 °C (Umluft 200 °C) vorheizen. Die Form (ersatzweise 4 flache Portionsformen) mit Butter einfetten. Die Pflaumen waschen, trocken tupfen, längs halbieren und entsteinen. Die Eier trennen.

2 Die Eiweiße mit dem Salz zu steifem Schnee schlagen, dabei zuletzt den Kokosblütenzucker nach und nach einrieseln lassen und unterschlagen. Die Eigelbe mit dem Mandelmehl, der Stärke und der Milch in einer Schüssel glatt verrühren. Den Eischnee vorsichtig unterheben.

3 Die Masse in die Form (oder die Portionsförmchen) füllen und glatt streichen. Die Pflaumen mit den Schnittflächen nach unten darauf verteilen. Im Ofen (Mitte) etwa 35 Minuten backen. Sollte das Clafoutis gegen Ende der Backzeit zu stark bräunen, eventuell mit Alufolie abdecken.

TIPP

Je nach Saison und Geschmack können Sie statt Pflaumen auch andere Steinfrüchte wie Kirschen oder Aprikosen verwenden.

POLENTASCHNITTEN
MIT
HEISSEN KIRSCHEN

Frisch aus der Pfanne schmecken die glutenfreien
Schnitten am allerbesten. Die Polentamasse können Sie
auch schon am Vortag zubereiten und dann über Nacht
im Kühlschrank fest werden lassen.

**FÜR 1 FLACHE AUFLAUFFORM
(24 × 15 CM, 4 PERSONEN)**

FÜR DIE POLENTASCHNITTEN:
600 ml Milch
1 Prise Salz
150 g Polenta (Maisgrieß)

1 kleiner Apfel, 2 Eier (Größe M)
1–2 EL Butter zum Braten

FÜR DAS KOMPOTT:
500 g Süß- oder Sauerkirschen
2 cm Süßholzwurzel (siehe S. 17)
2 TL Pfeilwurzelstärke

FÜR DEN PISTAZIENMIX:
20 g Pistazienkerne
¼ TL Zimtpulver
1–2 TL Kokosblütenzucker

ZUBEREITUNG: ca. 35 Min.
ABKÜHLEN: mind. 1 Std.

1 Für die Polentaschnitten die Milch mit dem Salz in einem Topf aufkochen. Die Polenta unterrühren und bei schwacher Hitze unter Rühren 4 bis 5 Minuten köcheln lassen. Den Topf vom Herd nehmen und die Masse zugedeckt 5 Minuten quellen lassen. Inzwischen den Apfel waschen und trocken reiben. Das Fruchtfleisch mitsamt Schale rund um das Kerngehäuse herum mit einer feinen Küchenreibe zur Polenta raspeln und gut unterrühren. Die Form mit Frischhaltefolie auslegen, die Polenta darin verteilen und mit einem angefeuchteten Messer gleichmäßig glatt streichen. Mindestens 1 Stunde abkühlen lassen.

2 Inzwischen für das Kompott Kirschen waschen, entstielen und entsteinen. 100 g Kirschen mit 100 ml Wasser und der Süßholzwurzel in einem Topf zugedeckt aufkochen, vom Herd nehmen und etwa 10 Minuten ziehen lassen. Die Süßholzwurzel entfernen, die Kirschen in der Flüssigkeit mit dem Stabmixer pürieren und nach Belieben durch ein feines Sieb streichen. Das Püree mit den restlichen Kirschen in einen Topf geben, aufkochen und etwa 5 Minuten köcheln lassen. Die Stärke mit 2 EL kaltem Wasser glatt rühren, unter die Kirschen rühren und kurz köcheln lassen, bis die Flüssigkeit andickt. Zugedeckt warm halten.

3 Zum Fertigstellen der Schnitten die Polentaplatte in 8 Rechtecke schneiden. Die Eier in einem tiefen Teller verquirlen. Die Butter in einer großen beschichteten Pfanne erhitzen. Die Schnitten nacheinander im Ei wenden und in der Pfanne auf jeder Seite 3 bis 4 Minuten goldbraun braten. Auf Küchenpapier abtropfen lassen.

4 Für den Pistazienmix die Pistazien mit dem Zimt und dem Kokosblütenzucker im Blitzhacker fein zerkleinern. Die Kirschen eventuell nochmals erhitzen und mit den Polentaschnitten auf Tellern anrichten. Den Pistazienmix zum Bestreuen dazu servieren.

RAFFINIERT
KOMPONIERT UND
EASY GEZAUBERT

SÜSSES

♥

Finale

FREUEN SIE SICH AM ANFANG EINES MENÜS AUCH SCHON AUF DEN SÜSSEN ABSCHLUSS? DANN WERDEN SIE BEI KÖST-LICHKEITEN WIE SCHOKOCREME, KOKOS-PANNACOTTA ODER ANANAS-CARPACCIO GARANTIERT INS SCHWÄRMEN GERATEN!

KIRSCH-TRIFLE
NACH
SCHWARZWÄLDER ART

Pumpernickel im Dessert? Das soll schmecken? Und wie!
Wir haben uns von dem beliebten Tortenklassiker inspirieren lassen und Kirschen, Espresso, dunkle Brotbrösel
und sahnige Vanillecreme in Gläser geschichtet.

**FÜR 4 GLÄSER
(À 300 ML INHALT)**

500 g Süßkirschen (ersatzweise
tiefgekühlte Kirschen)

200 g Pumpernickel
400 g Magerquark
Mark von 1 Vanilleschote
4 EL flüssiger Honig
100 g Sahne

75 g Zartbitterschokolade
(mind. 70 % Kakaoanteil)
50 ml starker Espresso

ZUBEREITUNG: ca. 25 Min.

---

1 Die Kirschen waschen, entstielen, entsteinen
und auf Küchenpapier abtropfen lassen (tiefgekühlte Früchte auftauen und abtropfen lassen).
Den Pumpernickel mit den Händen zerbröseln
und in einer Pfanne ohne Fett unter Wenden bei
mittlerer Hitze 3 bis 4 Minuten anrösten. Herausnehmen und etwas abkühlen lassen.

2 Den Quark mit dem Vanillemark und 2 EL Honig in einer Schüssel glatt rühren. Die Sahne
steif schlagen und unterheben. Von der Schokolade mit einem Sparschäler etwa 2 TL schmale
Röllchen abschaben und beiseitestellen. Die
restliche Schokolade klein hacken.

3 Die Pumpernickelbrösel mit der gehackten
Schokolade mischen und gleichmäßig auf die
Gläser verteilen. Den Espresso mit dem übrigen

Honig verrühren und gleichmäßig darüberträufeln. Ein Drittel der Kirschen für die Deko
beiseitestellen, den Rest auf der beträufelten
Pumpernickelmischung in den Gläsern verteilen.
Die Quarkcreme gleichmäßig einschichten. Die
Trifles bis zum Servieren zugedeckt kühl stellen.

4 Zum Servieren die Kirsch-Trifles mit den
beiseitegestellten Kirschen und den Schokoröllchen dekorieren.

TIPP

Lieber mit Schuss? Dann ersetzen Sie 1 bis 2 EL Espresso einfach durch Kirschwasser. Zur Abwechslung können Sie statt Kirschen auch andere dunkle
Früchte wie Heidelbeeren, Brombeeren oder in
Würfel geschnittene Pflaumen verwenden.

LÄSST SICH SUPER VORBEREITEN

KOKOS-PANNACOTTA
MIT
MANGOSAUCE

Konkurrenz für den Italo-Liebling: Diese exotische Variante
sorgt mit Kokosmilch für einen Hauch Karibik und
wird ganz stilecht mit einer feinen Fruchtsauce aus Mango
und Passionsfrucht angerichtet.

**FÜR 4 PORTIONSFORMEN
À CA. 150 ML INHALT**

FÜR DIE PANNACOTTA:
1 EL Agar-Agar (Hersteller-
angabe beachten; siehe Tipp)
1 Dose Kokosmilch (400 ml)

Mark von ½ Vanilleschote
2 EL Kokosblütenzucker

FÜR DIE SAUCE:
1 kleine reife Mango
2 Passionsfrüchte
1 Spritzer Limettensaft

FÜR DIE DEKO:
2–3 TL geröstete Kokoschips
einige Minzeblätter

ZUBEREITUNG: ca. 20 Min.
KÜHLEN: mind. 5 Std.

---

1 Für die Pannacotta das Agar-Agar in einem
Schälchen mit 2 bis 3 EL kaltem Wasser verrühren, bis es sich aufgelöst hat. Die Kokosmilch
mit dem Vanillemark und dem Kokosblütenzucker
in einem Topf bei mittlerer Hitze etwa 6 Minuten
köcheln, aber nicht kochen lassen. Angerührtes
Agar-Agar mit einem Schneebesen nach und nach
unterrühren und alles unter Rühren 2 bis 3 Minuten weiterköcheln lassen.

2 Die Formen (ersatzweise Gläser) kalt ausspü-
len und die Pannacotta-Masse hineinfüllen.
Abkühlen lassen, dann mindestens 5 Stunden
zugedeckt in den Kühlschrank stellen.

3 Für die Sauce die Mango schälen. Das Fruchtfleisch vom Stein schneiden und in einem hohen Rührbecher mit dem Stabmixer fein pürieren.
Die Passionsfrüchte halbieren, das Fruchtfleisch
mit einem Löffel aus der Schale lösen und unter

das Mangopüree rühren. Die Sauce mit Limettensaft abschmecken und bis zur Verwendung zugedeckt in den Kühlschrank stellen.

4 Die Kokos-Pannacotta auf Dessertteller stürzen
und mit Mangosauce anrichten. Mit gerösteten
Kokoschips und Minzeblättern dekorieren.

TIPP

Beachten Sie bei der Verwendung von Agar-Agar
bitte immer die Angaben des Herstellers auf der
Packung, da die Gelierkraft von Produkt zu Produkt
unterschiedlich sein kann. Reduzieren oder erhöhen
Sie dann gegebenenfalls die Agar-Agar-Menge ent-
sprechend. Wenn das Dessert nicht vegan sein soll,
können Sie statt Agar-Agar auch 4 Blatt Gelatine
verwenden. Diese nach Packungsanweisung in
kaltem Wasser einweichen, ausdrücken und in der
warmen Kokosmilch unter Rühren auflösen.

SO FRUCHTIG SCHMECKT DER SOMMER

RICOTTA-MOUSSE
MIT
ERDBEEREN

La vie en rose! Diese zartrosa Creme ist so luftig-leicht,
dass sie auf der Zunge zergeht. Außerhalb der Erdbeer-
saison können Sie einfach tiefgekühlte Beeren verwenden:
So wird dieser süße Traum das ganze Jahr über wahr!

FÜR 4 GLÄSER
(À CA. 150 ML INHALT)

250 g Erdbeeren
2 Blatt weiße Gelatine
200 ml klarer Apfelsaft

100 g Ricotta (italienischer
Frischkäse)
Mark von ½ Vanilleschote
2 sehr frische Eiweiß (Größe M)
4 TL Kokosblütenzucker

ZUBEREITUNG: ca. 25 Min.
KÜHLEN: mind. 5 Std.

---

1 Die Erdbeeren waschen, trocken tupfen und
8 schöne Früchte beiseitelegen. Die restlichen
Beeren putzen. Die Gelatine etwa 10 Minuten
in kaltem Wasser einweichen. Inzwischen den
Apfelsaft in einem kleinen Topf bei mittlerer
Hitze auf etwa ein Viertel einkochen lassen. Die
Gelatine ausdrücken und unter Rühren in dem
warmen Saftkonzentrat auflösen. Die Mischung
etwa 5 Minuten abkühlen lassen.

2 Die geputzten Erdbeeren und den Ricotta in
einen hohen Rührbecher geben und mit dem
Stabmixer fein pürieren. Die Masse durch ein
feines Sieb streichen und das Vanillemark unterrühren. Anschließend die Gelatinemischung nach
und nach unter Rühren einlaufen lassen und gut
unterrühren.

3 Die Eiweiße zu steifem Schnee schlagen, dabei
zuletzt den Kokosblütenzucker einrieseln lassen und weiterschlagen, bis der Eischnee glänzt.
Den Eischnee in zwei Portionen nacheinander
jeweils vorsichtig unter die Creme heben.

4 Die Mousse in die Gläser füllen und abgedeckt
mindestens 5 Stunden (am besten über Nacht)
kühl stellen. Zum Servieren mit den beiseite-
gelegten Erdbeeren garnieren.

TIPP

Rohe Eier sind immer eine potenzielle Quelle für gesundheitsschädliche Keime wie Salmonellen. Achten
Sie deshalb darauf, die Mousse tatsächlich mit ganz
frischem Eiweiß zuzubereiten.

ROTE GRÜTZE
MIT
VANILLESAUCE

Viel Frucht und wenig Kalorien – was will man mehr
von einem leichten Sommerdessert? Weil sie mit Fruchtsaft
gekocht wird, ist die Grütze nicht nur wunderbar aromatisch, sondern auch natürlich süß.

FÜR 4 PERSONEN

FÜR DIE GRÜTZE:
150 g Süßkirschen
150 g Himbeeren
100 g Rote Johannisbeeren
300 ml roter Traubensaft
100 ml Schwarzer Johannisbeersaft (Muttersaft; Bioladen)

1 EL Reissirup oder
flüssiger Honig
dünn abgeschälte Schale
von ½ Bio-Zitrone
40 g Maismehl

FÜR DIE SAUCE:
1 Vanilleschote
½ l Milch

2 Eigelb (Größe M)
1 TL Pfeilwurzelstärke oder
Maisstärke
6 TL Reissirup oder
flüssiger Honig

ZUBEREITUNG: ca. 25 Min.
KÜHLEN: mind. 1 Std.

---

1 Für die Grütze die Kirschen waschen, entstielen, halbieren und entsteinen. Die Himbeeren
verlesen. Die Johannisbeeren waschen und von
den Rispen streifen. Jeweils die Hälfte der Früchte mit Traubensaft, Johannisbeersaft, Sirup oder
Honig und Zitronenschale in einem Topf aufkochen und bei schwacher Hitze etwa 3 Minuten
köcheln lassen.

2 Inzwischen das Maismehl mit 50 ml kaltem
Wasser glatt rühren. Die Mischung langsam
unter die köchelnde Grütze rühren und alles unter Rühren etwa 2 Minuten weiterköcheln lassen.
Vom Herd nehmen, etwas abkühlen lassen und
die restlichen Früchte unterrühren. Die Grütze in
eine große oder vier kleine Schüsseln füllen, abkühlen lassen und vor dem Servieren mindestens
1 Stunde in den Kühlschrank stellen.

3 Inzwischen für die Sauce die Vanilleschote
längs aufschneiden und das Mark herauskratzen. Die Milch mit Vanilleschote und -mark
aufkochen und bei sehr schwacher Hitze etwa
5 Minuten ziehen lassen. Die Schote aus der
Milch nehmen. Die Eigelbe mit der Stärke und
1 TL Wasser in einer Schüssel verquirlen und
langsam etwa 50 ml von der warmen Vanillemilch
unterrühren. Die restliche Vanillemilch und den
Sirup oder Honig unterrühren.

4 Die Masse zurück in den Topf gießen, unter
ständigem Rühren erhitzen und bei schwacher
Hitze leicht köcheln lassen (nicht kochen!), bis
die Sauce leicht andickt. Vom Herd nehmen und
abkühlen lassen. Dabei ab und zu umrühren,
damit sich keine Haut bildet. Die Rote Grütze
mit der Vanillesauce servieren.

GEGRILLTE FEIGEN
MIT
JOGHURTCREME

FÜR 4 PERSONEN

FÜR DIE GEGRILLTEN FEIGEN:
8 Feigen
4 TL cremiger Honig

2–3 TL gehackte Pistazienkerne

FÜR DIE JOGHURTCREME:
200 g griechischer Joghurt
(möglichst fest)

½ TL Rosenwasser
2 EL flüssiger Honig
100 g Sahne

ZUBEREITUNG: ca. 20 Min.

1 Den Backofengrill vorheizen. Einen Grillrost auf ein Abtropfblech setzen. Die Feigen mit den Schnittflächen nach oben auf den Rost legen und mit je 1 TL Honig bestreichen. Im Ofen (obere Schiene) 5 bis 6 Minuten grillen, bis der Honig zu karamellisieren beginnt.

2 Inzwischen für die Creme den Joghurt mit dem Rosenwasser und dem Honig in einer Schüssel glatt verrühren. Die Sahne steif schlagen und unter die Joghurtmasse heben.

3 Jeweils 4 Feigenhälften auf einen Teller geben. Etwas Joghurtcreme darübergeben und alles mit den gehackten Pistazien bestreuen. Die gegrillten Feigen servieren.

TIPP

Natürlich können Sie auch andere Früchte, wie z. B. Nektarinen, Pfirsiche oder rosa Grapefruits, wie im Rezept beschrieben karamellisieren und mit der Joghurtcreme servieren.

ANANAS-CARPACCIO
MIT
MINZPESTO

FÜR 4 PERSONEN

½ **Bund Minze**
40 g **Pistazienkerne**

2 EL **Kokosblütenzucker**
2 EL **Limettensaft**
ca. ½ TL **fein abgeriebene Bio-Limettenschale**

1 kleine **Ananas**

ZUBEREITUNG: ca. 20 Min.

1 Für das Pesto die Minze waschen und trocken schütteln, die Blätter von den Stielen zupfen und grob hacken. Die Pistazienkerne mit einem Messer grob hacken. Minze, Pistazien, Kokosblütenzucker, Limettensaft und -schale sowie 2 EL Wasser im Mixer fein pürieren.

2 Die Ananas schälen, vierteln und den Strunk entfernen. Die Viertel längs in sehr dünne Scheiben schneiden. Die Ananasscheiben portionsweise auf Tellern oder alle zusammen auf einer Servierplatte anrichten.

3 Kurz vor dem Servieren das Pesto in kleinen Klecksen auf die Ananasscheiben geben und mit einem Löffel etwas verstreichen.

TIPP

Das Pesto schmeckt übrigens auch als aromatisches Extra auf Milchreis oder als Topping auf frischen Erdbeeren: Dafür die Beeren nach Belieben ganz oder ebenfalls als Carpaccio in dünnen Scheiben auf Tellern anrichten.

VANILLEGRIESS
MIT
RHABARBERKOMPOTT

Wen erinnert dieser Klassiker nicht an glückliche Kinder-
tage? Als süßes Seelenfutter bringt der Grießpudding Löffel
für Löffel die gute Laune zurück. Ungeduldige bereiten erst
das Kompott zu und essen den Pudding lauwarm dazu.

FÜR 4 PERSONEN

FÜR DEN GRIESS:
1 Ei (Größe M)
Salz
½ l Milch
1 Vanilleschote

2 EL Kokosblütenzucker
75 g Weizenvollkorngrieß
4 TL gehackte Pistazienkerne

FÜR DAS KOMPOTT:
500 g Rhabarber
100 ml roter Traubensaft

1 EL Kokosblütenzucker
50 g getrocknete Cranberrys
(ungesüßt)

ZUBEREITUNG: ca. 30 Min.
KÜHLEN: evtl. 4 Std.

1 Das Ei trennen. Das Eiweiß mit 1 Prise Salz
zu steifem Schnee schlagen und kühl stellen.
Eigelb mit 3 EL Milch glatt rühren. Die Vanilleschote längs aufschneiden und das Mark herauskratzen. Die übrige Milch in einen Topf geben.
Vanilleschote und -mark sowie den Kokosblütenzucker und 1 Prise Salz dazugeben und alles
aufkochen. Dann die Vanilleschote entfernen.

2 Den Grieß unter Rühren mit dem Schneebesen
in die Milch rieseln lassen, kurz aufkochen und
bei schwacher Hitze etwa 5 Minuten ausquellen
lassen. Den Grießbrei vom Herd nehmen und die
Eigelb-Milch-Mischung kräftig unterrühren. Kurz
abkühlen lassen, dann den Eischnee vorsichtig
unterheben. Die Grießmasse in vier kalt ausge-
spülte Dessertschälchen füllen. Soll der Grießpudding gestürzt werden, muss man ihn abgedeckt mindestens 4 Stunden kühl stellen.

3 Für das Kompott den Rhabarber putzen und
waschen. Die Stangen in etwa 1 cm breite
Stücke schneiden. Mit dem Traubensaft und dem
Kokosblütenzucker in einem Topf aufkochen und
zugedeckt unter häufigem Rühren etwa 5 Minuten
köcheln lassen, bis der Rhabarber leicht zerfällt.
Die Cranberrys unterrühren. Das Kompott abkühlen lassen.

4 Den Pudding nach Belieben stürzen oder in
den Schälchen lassen und mit dem Kompott
anrichten. Mit Pistazien bestreut servieren.

TIPP

Wenn Rhabarber keine Saison hat, schmeckt das
Kompott auch mit Beeren oder Kirschen. Sie können
es dann für mehr Sämigkeit nach Belieben noch mit
1 TL mit Wasser verrührter Speisestärke andicken.

GETRÄNKE

Die Lust auf Süßes stillen und gleichzeitig Flüssigkeit tanken – eine gute Idee! Im Sommer sollte der Drink gut gekühlt sein, im Winter heiß und würzig zum Aufwärmen von innen.

◦ AROMATISCHE MILCHALTERNATIVE ◦

SELBST GEMACHTER MANDELDRINK

Milch ohne Tier, aber mit Mandelgeschmack ist nicht nur bei Veganern der Hit!

Für etwa 400 ml Mandeldrink **100 g geschälte ganze Mandeln** in einer Pfanne ohne Fett bei schwacher Hitze unter häufigem Wenden etwa 10 Minuten trocknen, aber nicht bräunen. In eine Schüssel geben, mit **Wasser** bedecken und mindestens 4 Stunden einweichen, am besten über Nacht. Die Mandeln abgießen und mit **400 ml frischem Wasser** im Mixer 3 bis 4 Minuten fein pürieren. Ein Sieb in eine Schüssel hängen und mit einem angefeuchteten Küchen- oder Passiertuch auslegen. Das Mandelpüree hineingeben, das Tuch zusammendrehen und so viel Flüssigkeit wie möglich aus dem Mandelbrei pressen und auffangen. Den Drink mit **1 Prise Salz** und nach Belieben mit **1 bis 2 TL Ahornsirup** abschmecken. Im Kühlschrank hält er sich etwa 4 Tage und eignet sich nicht nur pur als Getränk, sondern lässt sich auch für den Kaffee aufschäumen oder zum Kochen und Backen verwenden.

◦ REICH AN MINERALIEN ◦

HEISSE SUPER-SCHOKOLADE

Datteln liefern bei diesem Winterdrink nicht nur Süße, sondern machen ihn auch schön sämig.

Für 1 Tasse (etwa 200 ml Inhalt) **2 weiche Datteln (z. B. Medjool; ohne Stein)** klein schneiden und mit **150 ml Milch** in einem Topf zuerst zugedeckt bei kleiner Hitze etwa 5 Minuten köcheln lassen, dann die Mischung offen zum Kochen bringen. Mit **1 knappen TL Kakaopulver** und nach Belieben **1 TL Lucumapulver** in einem hohen Rührbecher fein pürieren. In eine Tasse füllen und nach Belieben mit **geraspelter Zartbitterschokolade (mind. 70 % Kakaoanteil)** bestreuen.

ZITRONEN-BEEREN-LIMO

Unschlagbar mit frischen Zutaten und wenig Honig statt viel Zucker und künstlichen Aromen!

Für 4 Gläser (à etwa 150 ml Inhalt) **50 g Erdbeeren** waschen, putzen und vierteln. **50 g Himbeeren** verlesen. Die Früchte mit **2 Stielen Minze**, **1 walnussgroßen Stück Ingwer (in Scheiben)** und **250 ml Wasser** mischen und zugedeckt 12 Stunden im Kühlschrank ziehen lassen, am besten über Nacht. Die Mischung durch ein Sieb gießen, dabei die Flüssigkeit auffangen. Den **Saft von 1 Zitrone**, **1 Prise Salz** und **1 bis 2 EL flüssigen Honig** oder **Reissirup** unterrühren und kühl stellen. Zum Servieren mit **¼ l Mineralwasser mit Kohlensäure** aufgießen. Mit **Eiswürfeln**, **Zitronenscheiben** und **Minze** servieren.

CRANBERRY-TEEPUNSCH

Mit der hohen Süßkraft von Süßholz schmeckt Punsch auch ohne Zucker hervorragend.

Für 4 Tassen (à 200 ml Inhalt) **600 ml Wasser** und **200 ml roten Traubensaft** in einem Topf aufkochen. Vom Herd nehmen, **2 EL getrocknete Apfelschalen (Teeladen)**, **½ TL geschnittene Süßholzwurzel** (siehe S. 17) sowie **2 Zimtstangen** hinzufügen. Mischung zugedeckt 10 Minuten ziehen lassen. **4 TL getrocknete Cranberrys (ungesüßt)** in vier hitzebeständige Gläser oder Becher verteilen. Den Tee absieben, erneut erhitzen und in die Tassen gießen. Nach Belieben noch **1 Schuss Rum** dazugeben und heiß servieren.

KOKOSCRÊPES
MIT
ORANGENSAUCE

FÜR 6 PERSONEN

FÜR DIE CRÊPES:
4 Eier (Größe M)
125 ml Kokosmilch
30 g Kokosmehl

1 EL Pfeilwurzelstärke
oder Maisstärke
1 Prise Salz
6 TL Öl zum Braten
(z. B. Kokosöl)

FÜR DIE SAUCE:
4 Bio-Orangen
1 EL flüssiger Honig
1 EL kalte Butter (in Stückchen)

ZUBEREITUNG: ca. 35 Min.

1 Für die Crêpes Eier und Kokosmilch in einer Schüssel gut verquirlen. Kokosmehl, Stärke und Salz nacheinander unterrühren. Den Teig zugedeckt 5 bis 10 Minuten quellen lassen.

2 Für die Sauce 1 Orange heiß waschen und trocken reiben, die Schale abreiben. Diese und 1 weitere Orange so schälen, dass auch die weiße Haut entfernt wird. Filets zwischen den Trennhäuten herausschneiden, dabei den Saft auffangen. Übrige Orangen halbieren, 250 ml Saft auspressen. Orangensaft, -schale und Honig in einem Topf bei starker Hitze auf die Hälfte einkochen.

Die Butter mit dem Schneebesen unterschlagen, bis die Sauce leicht andickt. Orangenfilets untermischen und die Sauce zugedeckt beiseitestellen.

3 Backofen auf 75 °C vorheizen. Teig durchrühren und 6 Crêpes backen. Dazu je 1 TL Öl in einer beschichteten Pfanne (etwa 20 cm Durchmesser) erhitzen. 1 kleine Schöpfkelle Teig hineingeben und durch Schwenken der Pfanne darin verteilen. Crêpe 3 bis 4 Minuten goldgelb backen, vorsichtig wenden und 2 bis 3 Minuten fertig backen. Fertige Crêpes im Backofen warm halten. Mit der Orangensauce auf Tellern anrichten.

SCHOKOCREME
MIT
SEIDENTOFU

FÜR 4 PERSONEN

160 g vegane Zartbitterschokolade (mind. 70 % Kakaoanteil)

120 ml Sojaschlagcreme
320 g Seidentofu (siehe Tipp)
4 TL Ahornsirup
1 Prise Salz

ZUBEREITUNG: ca. 25 Min.
KÜHLEN: mind. 2 Std.

1 Von der Schokolade mit einem Sparschäler etwa 2 TL Schokospäne abziehen und beiseitestellen. Die restliche Schokolade grob hacken und in einer Metallschüssel im heißen Wasserbad unter Rühren schmelzen. Auf Zimmertemperatur abkühlen lassen.

2 Inzwischen die Sojaschlagcreme steif schlagen. Den Seidentofu abtropfen lassen und mit dem Ahornsirup sowie dem Salz in einen hohen Rührbecher geben und mit dem Stabmixer fein pürieren. Die flüssige Schokolade untermixen. Die Schlagcreme mit dem Schneebesen vorsichtig unterheben. Die Schokocreme in vier Dessertgläser verteilen und zugedeckt mindestens 2 Stunden kühl stellen. Zum Servieren mit Schokospänen bestreuen.

TIPP

Seidentofu ist eine besonders weiche Tofusorte und eignet sich prima für Süßspeisen. Sie finden ihn in Bio- oder Asialäden. Übrig gebliebener Seidentofu hält sich gut verpackt im Kühlschrank etwa 5 Tage und schmeckt – in Würfel geschnitten – auch als Einlage in asiatischen Suppen.

APFEL-CRUMBLE
MIT
BROMBEEREN

Let's get ready to crumble: Unter der knusprigen Kruste
aus Haferflockenstreuseln verbirgt sich eine saftig-süße
Mischung aus Äpfeln und Brombeeren. Gewürze wie Zimt
und Ingwer wärmen von innen.

**FÜR 4–6 OFENFESTE
PORTIONSFORMEN**

2 Äpfel (à ca. 200 g;
z. B. Elstar oder Boskop)
75 g Butter

200 g Brombeeren
125 g Haferflocken
125 g gemahlene Mandeln
½ TL Zimtpulver
½ TL Ingwerpulver
1 Prise Salz

1 Prise frisch geriebene
Muskatnuss
60 ml Ahornsirup

ZUBEREITUNG: ca. 25 Min.
BACKEN: ca. 20 Min.

---

1 Den Backofen auf 200 °C (Umluft 180 °C) vorheizen. Die Äpfel schälen, vierteln, entkernen und in schmale Spalten schneiden. Die Butter in einem kleinen Topf zerlassen. Die Portionsformen (oder eine flache Auflaufform) jeweils am Boden mit wenig Butter dünn einfetten. Die Äpfel in die Förmchen verteilen und im Ofen (Mitte) etwa 10 Minuten dünsten.

2 Inzwischen die Brombeeren waschen, trocken tupfen und verlesen. Für die Streusel die Haferflocken mit Mandeln, Zimt, Ingwer, Salz und Muskatnuss in einer Rührschüssel mischen. Den Ahornsirup und die restliche Butter dazugeben und alles mit den Knethaken des Handrührgeräts zu Streuseln verkneten.

3 Die Formen aus dem Ofen nehmen. Die Brombeeren zwischen den Äpfeln verteilen und die Streusel gleichmäßig darüberstreuen. Crumble etwa 20 Minuten im Ofen (Mitte) backen, bis die Streusel goldbraun sind. Lauwarm servieren.

TIPP

Solo reicht das Dessert für 4 Personen. Wenn Sie noch geschlagene Sahne, die Vanillesauce von Seite 117 oder pro Person je 1 bis 2 Kugeln Vanille-eis dazu servieren, reicht der Crumble auch für eine größere Runde von 6 Personen. Wer weiß, dass Veganer mit am Tisch sitzen, bereitet den Crumble einfach mit Kokosöl statt Butter zu.

SCHOKOKÜCHLEIN
MIT
FLÜSSIGEM KERN

Achtung, Suchtgefahr! Denn diese verführerischen Küchlein
sind so luftig wie ein Soufflé und haben ein Herz aus
flüssiger Schokolade. Als raffiniertes Extra gibt es noch
Orangensirup und einen Klecks Crème fraîche dazu.

**FÜR 4 OFENFESTE PORTIONS-
FORMEN (À CA. 9 CM DURCH-
MESSER)**

FÜR DEN SIRUP:
1 walnussgroßes Stück Ingwer
6 EL Orangensaft

FÜR DIE KÜCHLEIN:
75 g weiche Butter
4 EL Kakaopulver
4 EL Ahornsirup
Mark von ½ Vanilleschote
¼ TL Natron
3 Eier (Größe M), 1 Prise Salz

AUSSERDEM:
4 EL Crème fraîche

ZUBEREITUNG: ca. 25 Min.
BACKEN: 10–12 Min.

1 Für den Sirup den Ingwer schälen und sehr
fein raspeln. Den Orangensaft mit den Ingwer-
raspeln in einem kleinen Topf aufkochen und bei
starker Hitze sirupartig auf etwa 3 TL einkochen
lassen. Den Sirup etwas abkühlen lassen.

2 Inzwischen für die Küchlein den Backofen auf
180 °C (keine Umluft) vorheizen. Die Formen
(ersatzweise ofenfeste Tassen) mit etwas Butter
dünn einfetten. Die restliche Butter in einem Topf
bei mittlerer Hitze zerlassen und anschließend
in einer Rührschüssel etwas abkühlen lassen.

3 Den Kakao, den Ahornsirup, die Vanille und
das Natron unter die Butter rühren. Die Eier
mit dem Salz in einer zweiten Schüssel verquirlen und unter die Kakaomasse rühren.

4 Die Masse in die Förmchen füllen. Im Ofen
(Mitte) 10 bis 12 Minuten backen, während-
dessen die Ofentür nicht öffnen. Die Küchlein
sind fertig, wenn die Masse schön aufgegangen
ist, bei sanftem Rütteln an der Form aber noch
etwas weich wirkt. Während die Küchlein backen,
die Crème fraîche glatt rühren.

5 Die Schokoküchlein aus dem Ofen nehmen, je
1 EL Crème fraîche als Klecks daraufgeben und
mit Orangensirup beträufeln. Sofort servieren.

TIPP

Wer die Küchlein vorbereiten möchte, füllt die Masse
in die Förmchen und stellt sie kalt. Zum Servieren
dann etwas länger (etwa 15 Minuten) im Ofen garen.

BRATÄPFEL
MIT MARONIFÜLLUNG

Schon der Duft, der beim Braten der Äpfel aus dem Ofen
strömt, verbreitet Gemütlichkeit und macht gute Laune.
Und wenn die Äpfel dann auch noch so fein gefüllt sind
wie hier, steigt die Stimmung beim Essen gleich weiter.

FÜR 4 PERSONEN

4 Äpfel (à ca. 225 g;
z. B. Boskop oder Jonagold)
30 g Pinienkerne

100 g ungesüßtes Maronen-
püree (Esskastanienpüree;
aus der Dose; siehe Tipp)
fein abgeriebene Schale von
½ Bio-Orange

4 TL Ahornsirup
2 EL Crème fraîche

ZUBEREITUNG: ca. 20 Min.
BACKEN: 45–50 Min.

---

1 Den Backofen auf 200 °C (Umluft 180 °C) vorheizen. Die Äpfel waschen und trocken tupfen.
Das Kerngehäuse mit einem Apfelausstecher oder
mithilfe eines kleines Messers so ausstechen,
dass unten noch ein kleiner Boden stehen bleibt.

2 Für die Füllung die Pinienkerne grob hacken
und mit dem Maronenpüree, Orangenschale,
Ahornsirup und Crème fraîche in einer Schüssel
zu einer glatten Masse verrühren. Die Maronen-
masse mithilfe von zwei Teelöffeln anstelle des
Kerngehäuses in die Äpfel füllen.

3 Die Äpfel in eine Auflaufform stellen und im
Ofen (2. Schiene von unten) 45 bis 50 Minuten
braten. Die Bratäpfel warm servieren, nach Belieben mit Vanillesauce (siehe S. 117).

TIPP

Maronenpüree finden Sie in Feinkostgeschäften bzw.
in der Feinkostabteilung gut sortierter Supermärkte.
Oder Sie beziehen es über Internethändler. Achten
Sie darauf, die ungesüßte Variante zu kaufen. Reste
aus der geöffneten Dose lassen sich prima einfrieren. Alternativ können Sie das Püree selbst herstellen, indem Sie 100 g vorgekochte, vakuumverpackte
Maronen mit 1 bis 2 EL Wasser pürieren.

KARDAMOM-BIRNEN
MIT
DATTEL-KARAMELL

Mit diesem Dessert machen Sie bei Ihren Gästen mächtig
Eindruck. Kardamom und Weißwein verleihen den
Birnen ein unglaubliches Aroma, das von einer raffinierten
„Karamell"-Sauce perfekt ergänzt wird.

FÜR 4–6 PERSONEN

FÜR DIE BIRNEN:
10 Kardamomkapseln
4 große feste Birnen
¼ l trockener Weißwein

¼ l roter Traubensaft
1 EL Zitronensaft, 1 Prise Salz

FÜR DIE FÜLLUNG:
50 g weiche Datteln
(z. B. Medjool; ohne Stein)

25 g weiche Butter
Mark von ½ Vanilleschote
100 g Sahne

ZUBEREITUNG: ca. 50 Min.

---

1 Die Kardamomkapseln in einem Mörser leicht anstoßen. Die Birnen im Ganzen schälen und mit Kardamom, Wein, Traubensaft, Zitronensaft und Salz in einen weiten Topf geben. Alles aufkochen und die Birnen zugedeckt bei schwacher Hitze 15 bis 20 Minuten weich dünsten, dabei ab und zu wenden.

2 Inzwischen für die Füllung die Datteln grob schneiden, mit etwa 100 ml kochendem Wasser übergießen und zugedeckt etwa 10 Minuten ziehen lassen. Die Datteln abgießen, dabei das Einweichwasser auffangen. Datteln, Butter und Vanillemark in einem hohen Rührbecher mit dem Stabmixer fein pürieren. Dabei nach und nach so viel Einweichwasser untermixen, bis ein glatter, dickflüssiger Dattel-Karamell entstanden ist.

3 Die Birnen mit einem Schaumlöffel aus dem Wein-Traubensaft-Sud heben, gut abtropfen und abkühlen lassen. Den Sud im Topf bei starker Hitze auf etwa 4 TL sirupartige Flüssigkeit einkochen und anschließend etwas abkühlen lassen.

4 Die Birnen halbieren und die Kerngehäuse mit einem Melonenkugelausstecher oder einem Messer entfernen. Je 2 Birnenhälften auf einen Teller setzen und je etwa 2 gehäufte TL Dattel-Karamell in jede Vertiefung füllen.

5 Die Sahne steif schlagen und in einen Spritzbeutel mit großer Stern- oder Lochtülle füllen. Je einen Sahnetuff auf jede Birnenhälfte spritzen und je etwa ½ TL Sirup darüberträufeln. Sofort servieren. Übrigen Karamell extra dazu reichen.

TIPP

Wenn Sie das Dessert lieber ohne Alkohol zubereiten möchten, können Sie den Wein durch Traubensaft ersetzen und für etwas Säure noch 2 EL Zitronensaft dazugeben.

KOKOSEISCREME
MIT
PISTAZIEN

FÜR CA. 8 PERSONEN

50 g Pistazienkerne
1 Dose Kokosmilch (400 ml)

25 g Kokosblütenzucker
Mark von ½ Vanilleschote
1 Prise Salz

ZUBEREITUNG: ca. 15 Min.
GEFRIEREN: ca. 25 Min.
(mit Eismaschine) bzw.
6–7 Std. (ohne Eismaschine)

1 Die Pistazien in einer Pfanne ohne Fett unter Wenden kurz rösten. Herausnehmen, grob hacken und abkühlen lassen.

2 Die Kokosmilch mit dem Zucker, dem Vanillemark und dem Salz in einem kleinen Topf verrühren. Alles erhitzen und unter Rühren etwa 5 Minuten leicht köcheln (aber nicht kochen!) lassen. Den Topf vom Herd nehmen. Die Pistazien unter die Kokosmilchmasse rühren und die Masse abkühlen lassen.

3 Die Masse in eine Eismaschine geben und in etwa 25 Minuten gefrieren lassen. Alternativ die Masse in eine Gefrierdose füllen und ab-

kühlen lassen. Die Dose verschließen und etwa 1½ Stunden in das Tiefkühlfach stellen. Die angefrorene Masse kräftig durchrühren. Dann etwa 5 Stunden gefrieren lassen, dabei im Abstand von 30 bis 60 Minuten gut durchrühren, damit sie schön cremig wird.

4 Das Eis zum Servieren bei Zimmertemperatur kurz antauen lassen, dann mit einem Eisportionierer Kugeln formen. Die Kokoseiscreme hält sich tiefgekühlt mindestens 3 Monate.

FROZEN YOGHURT
MIT
HIMBEEREN

FÜR CA. 8 PERSONEN

120 g Himbeeren
500 g Naturjoghurt
(3,5 % Fett; möglichst fest)

50 ml flüssiger Honig
Mark von ½ Vanilleschote

ZUBEREITUNG: ca. 15 Min.
GEFRIEREN: ca. 25 Min.
(mit Eismaschine) bzw.
6–7 Std. (ohne Eismaschine)

1 Die Himbeeren verlesen. Mit Joghurt, Honig und Vanillemark in einem hohen Rührbecher mit dem Stabmixer oder im Mixer fein pürieren. Nach Belieben durch ein Sieb streichen, um die Himbeerkerne zu entfernen.

2 Die Masse in eine Eismaschine geben und in etwa 25 Minuten gefrieren lassen. Alternativ die Masse in eine Gefrierdose füllen und abkühlen lassen. Die Dose verschließen und etwa

1½ Stunden in das Tiefkühlfach stellen. Die angefrorene Masse kräftig durchrühren. Dann etwa 5 Stunden gefrieren lassen, dabei im Abstand von 30 bis 60 Minuten gut durchrühren, damit sie schön cremig wird.

3 Das Eis zum Servieren bei Zimmertemperatur kurz antauen lassen, dann portionieren und nach Belieben mit Himbeeren anrichten. Es hält sich tiefgekühlt mindestens 3 Monate.

Quellenangaben zum GI von Seite 11:

Kokosblütenzucker: oconutpalmsugar.com/ Glycemic_Index_Explained.html

Weizenmehl, Weizen- und Dinkelvollkornmehl: www.montignac.com/de/suche-nach- dem-gi-eines-nahrungsmittels/#tab_high

Alle sonstigen Angaben: Atkinson et al.: International table of glycemic index and glycemic load values: 2008